LIDERAZGO

Métodos definitivos para la motivación, la influencia y el exito

(Ser mejores en la comunicación, la motivación y la influencia de las personas)

Goyo Loya

Publicado Por Daniel Heath

© **Goyo Loya**

Todos los derechos reservados

ISBN 978-1-989853-51-1

TABLA DE CONTENIDO

Parte 1

¿Para quién es este libro?

¡Felicitaciones! Si ha tomado este libro, es probablemente porque ha obtenido un rol de liderazgo o dirección. Esto puede implicar una promoción, y un nuevo reto que leexigirá en lo personal y en lo profesional. Posiblemente no logre conciliar el sueño, ansioso por lo que le espera. Se estará preguntando si sus colegas de trabajo van a respectarlo, si su equipo va a verlo como una figura con autoridad, si otros en su lugar de trabajo van a verlo diferente por consecuencia de su nuevo trabajo, si puede lograr los objetivos para su jefe directo… y la lista continúa. Tiene mucho que pensar al respecto, y podría empezar a entrar en pánico.

No tema. Este libro puede ayudarlo. Vamos a echar un vistazo a los temores y problemas más comunes que enfrenta un nuevo líder, y porque es importante tomar una postura pro-activa en desarrollo de su potencial de liderazgo.

Incluso los líderesmás consumados empezaron donde usted está – nerviosos acerca de la siguiente etapa en su vida profesional. La manera como usted se siente ahora es completamente normal, y puede superarlo siempre que esté dispuesto a dedicar el tiempo y el esfuerzo para comprender los obstáculos más comunes del liderazgo a los que se enfrentan los nuevos líderes y cómo pueden resolverse. ¡Aprenderá cómo ganarse incluso a colegas incómodos!

Comencemos echando un vistazo más de cerca a esas preocupaciones.

1. *Que no sea competente; que su conocimiento simplemente no sea suficiente para el rol.* No importa cuánto tiempo haya estado en una empresa, es posible que sienta que aún carece de la capacitación adecuada para su nuevo cargo. Si se está reubicando a una nueva organización para asumir por primera vez un rol directivo, entonces también se enfrenta a la ansiedad habitual que conlleva el hecho de ser un 'nuevo empleado'.

2. *Que las personas que han mostrado fe en usted se sentirán decepcionadas.* El

hecho de que un mentor duradero, o jefe al que respete, le otorgue un ascenso es un fabuloso cumplido, ya que le concede una referencia elogiosa de un jefe anterior, que le permite pasar a un trabajo mejor pagado y con más responsabilidades. Sin embargo, el inconveniente es que puede sentir una sensación de presión. ¿Qué pasa si usted tiene un desempeño inferior y decepciona a los que han mostrado confianza en usted?

3. *Que,como resultado de su promoción,puede perder algunos amigos en el trabajo.* Si ha trabajado con el mismo grupo de personas durante meses o incluso años, puede haber cambios en la dinámica interpersonal en caso de ser promovido. Ahora puede que tenga que dirigir a las personas que considera amigos. Esto puede afectar significativamentesu vida social. Debería estar preparado para la posibilidad de que, si permanece en la misma empresa para ocupar un cargo directivo, es posible que algunas personas ya no puedan percibirlo de la misma manera, y algunas incluso

pueden sentirse intimidadas o ser demasiado envidiosas como para continuar su amistad.

4. *Que pasará demasiado tiempo administrando personas y sin tiempo suficiente para impulsar el negocio.* Se supone que un líder debe liderar, y los gerentes deben gestionar. Sin embargo, es posible enfrascarse demasiado en detalles pequeños a costa del avance en los objetivos de la empresa. Los nuevos gerentes a menudo se preocupan,por ejemplo,de pasar demasiado tiempo en reuniones, a expensas de sus otros deberes.

5. *Que estará en capacidad de manejar compañeros difíciles.* ¡Este puede ser el asunto más preocupante en la lista! Hay una buena razón por la que los líderes competentes son tan respetados y, a menudo, bien pagados: gestionar un equipo y obtener de ellos el mejor rendimiento posible, es un trabajo arduo por muchas razones. En algún momento de su carrera como líder, tal vez incluso desde el primer día, tendrá que lidiar con

compañeros de trabajo que son de mal genio, mandones, torpes o simplemente difíciles.

Una lista bastante extensa, ¿No es así?Afortunadamente, este libro le indicará cómo manejar los problemas comunes que puede prever enfrentar. Implemente las ideas que encuentre aquí y podrá esperar los siguientes resultados:

1. *Sus habilidades sociales mejorarán.* Una vez que entienda lo que las personas buscan en un líder e intente relacionarse con ellos de manera acorde, se sentirá más cómodo en entornos sociales. Esto aumentará su seguridad en su capacidad para comunicarse con otras personas y comprender los deseos, necesidades y problemas de cada miembro de su equipo.

2. *Podráconseguir el desempeño posible de su equipo.* Un buen líder aumenta la moral del equipo. Incluso cuando las cosas van mal o la compañía se enfrenta a múltiples contratiempos, un líder inspirador obtiene resultados.

3. *Podrá compartir su experiencia con otros.* Un líder consumado aporta al rol, no

solo su 'don de gentes', sino también su conocimiento previo. A medida que se consolide como un líder digno de respeto, se le brindarán muchas oportunidades para compartir su conocimiento práctico y de la industria a las personas que dirige y esto puede ser muy gratificante. Una vez que por un tiempo haya liderado con éxito, también podrá compartir otro tipo de conocimiento, ese que viene con lafructífera experiencia de la gestión. Puede tener el privilegio de asesorar a otros líderes y desarrollar relaciones profesionales enriquecedoras.

4. *Podrá tener más influencia en la empresa.* La promoción a un rol de administración indica que ha demostrado su potencial para hacer una diferencia perdurable en la organización. Múltiples 'stakeholders'lo observarán para ver qué tipo de huella deja en la empresa. Si bien esto es estresante, es importante que aprecie la oportunidad que se le ha brindado. Muéstrese como un líder competente y sus puntos de vista serán respetados más que nunca. Esto significa

que, cada vez más, podrá influir en la dirección y los beneficios de la organización. A su vez, por supuesto, esto significa que es más probable que obtenga un mayor ascenso y un salario más alto.

Pase la página y aprenda a dar el primer paso para ser un gran líder: dejando una huella positiva en los demás.

7 Formas De Ganar Con la Gente

Si desea ser un directivo exitoso, debe aprender a causar una gran impresión positiva no solo en su equipo, sino también en los clientes, sus gerentes y todos los demás interesados en el éxito de su organización.

Todos los puntos enumerados en este capítulo son relevantes desde su primer día en el rol. De hecho, incluso pueden ser relevantes antes de este punto, ¡especialmente si tiene la oportunidad de conocer a su nuevo equipo antes de que comience su contratoformalmente! Con suerte, su nuevo empleador querrá que se sienta lo más cómodo posible en su nuevo rol. Probablemente se le solicite asistir a una reunión 'de reconocimiento deequipo', o incluso a una serie de reuniones, antes de su llegada. Si le ofrecen esta oportunidad, ¡aprovéchela! Es vital que conozca a todos en su equipo lo antes posible y que aproveche la oportunidad para crear una primera impresiónpositiva.

Causar una excelente primera impresión y ganarse a la gente no puede reducirse a un conjunto de comportamientos. Es más acerca de su forma de pensar y cómo encara la situación. ¡Piense en las siguientes pautas como un conjunto de principios a seguir, no como una receta precisa para el éxito!

Principio 1: mantener un conjunto de valores apropiados. Piense en el tipo de líder que quiere ser. Si se toma un momento para revisar su experiencia como miembro de un equipo que trabaja bajo la dirección de un miembro de mayor rango en el equipo, se dará cuenta de que algunos de sus gerentes tendrán mucha más capacidad y serán más inspiradores que otros. Con toda probabilidad, el tipo de líderes a los que usted ha admirado más en el pasado no solo serán competentes y con conocimientos en sus campos, sino también personas con principios e integridad.

Siendo especifico, debe buscar modelar los siguientes valores: honestidad, transparencia, una sólida ética de trabajo, enfoque, compasión, compromiso con la organización a la que sirve y la capacidad de estar abierto a nuevas ideas. Por supuesto, su compañía tendrá su propio conjunto valores especifico e ideas esenciales, y usted también debe considerar preservarlos.

¿Cómo se vería esto en la práctica? Un líder honesto y transparente compartirá toda la información relevante y las noticias con su equipo, ya sean positivas y edificantes, o no. Nunca mostrarán favoritismo hacia alguien, y serán claros y honestos sobre las formas en que delegan el trabajo, asignan proyectos y promueven a las personas. Si bien, usted no tiene que ser un adicto al trabajo para ser un gran líder, debe hacer sentir su presencia en la oficina. En resumen, los líderes respetados se cuidan de no parecer hipócritas. Si, por ejemplo, espera que su equipo mantenga valores de transparencia, no puede permitirse ser menos escrupuloso al realizar las reclamaciones de gastos. Actúe de una manera ética y esto se mostrará a través de su comportamiento. Además, es menos estresante en primer lugar hacer lo correcto que tratar de evitar el mal comportamiento. ¡Un día lo descubrirá!

Principio 2: Entender la importancia de la comunicación no verbal. Aprenda a leer el lenguaje corporal y emplearlo para un resultado positivo. Desde el momento en que los miembros de su equipo lo conozcan, formarán juicios sobre usted. Esto es natural: como seres humanos, nos juzgamos unos a otros todo el tiempo. Sin embargo, en esta situación particular, lo que está en juego es valioso, porque es difícil cambiar las primeras impresiones de las personas y es difícil dirigir un equipo que no confía en usted. Como su líder, quiere que le juzguen favorablemente. Afortunadamente, puede usar su lenguaje corporal para comunicarles que usted es digno de su confianza y respeto.

Incluso si se siente nervioso, haga un esfuerzo para pararse derecho. Imagine que hay una cuerda invisible que corre verticalmente desde la parte superior de su cabeza hasta el techo y que está levantando su cabeza hacia arriba para que parezca relajado y seguro. Baje los hombros y minimice los movimientos innecesarios de sus manos, ya que esto le hará parecer nervioso. Haga de su objetivo que la primera vez que cada miembro de su equipo le vean, esté sonriendo. No sonría como un idiota, haga un esfuerzo por relajar los músculos alrededor de su boca y mandíbula mientras saluda a todos, agitando sus manos,firme, pero con brevedad. Evite adoptar lenguaje corporal sumiso o defensivo, como cruzar o doblar las extremidades, o mirar hacia el piso. Ha sido designado para liderar, ¡así que, actúe como tal!

Principio 3: Adopte un interés sincero en los miembros de su equipo como personas individuales, no solo como empleados. La cuestión de si los empleados deben ser amigos de sus gerentes nunca va a morir: algunas personas creen que en los mejores equipos existen relaciones amistosas entre sí, mientras que, al otro extremo del espectro, otros creen que los gerentes deben mantener amplia distancia emocional de aquellos a los que supervisan. Sin embargo, no es controvertido decir que la mayoría de las personas aprecian que se las vea como personas que tienen vidas plenas fuera del lugar de trabajo. ¡No supervisará a muchas personas que disfruten ser vistos como zánganos de la organización!

Por lo tanto, es una buena idea hacer hincapié en cualquier información que los miembros de su equipo compartan sobre ellos mismos desde un principio. También asegúrese de prestar atención a cualquier señal visual obvia: ¿Alguien tiene una foto de sus niños pequeños en su escritorio? Probablemente no lemolestaría que, de vez en cuando, le preguntara por su familia. ¿Hay alguien que traiga a la oficina libros regularmente o productos horneados para que todos los demás puedan disfrutar en la sala de descanso? Este tipo de personas generalmente responde con positivismo a algunas preguntas sobre sus aficiones e intereses. Incluso si a usted no le importaran las recetas de tarta de cabellos de ángel, es parte de su trabajo como líder demostrar que reconoce que todos tienen una vida fuera del trabajo.

Principio 4: Demuestre que también es humano. Los líderes remotos y distantes que actúan de tal manera que sugieren que de algún modo están "por encima" detodos los demás que no sean populares. ¿Puede funcionar el liderazgo de una manera 'transaccional' - en la que le preocupan los resultados en lugar de los valores y el trabajo en equipo-? Por supuesto. Sin embargo, aquellos que seproponen un enfoque de liderazgo 'transformacional' tienen más probabilidades de desarrollar una atmósfera de cooperación, agrado y progreso en el trabajo. Suena mucho más relajante, ¿no?

Por supuesto, usted necesita mantener un nivel adecuado de profesionalismo en el trabajo. Sin embargo, nunca se permita tener una mañana levemente gruñón o reírse de una broma contada por un colega que lehará hacerse quererde nadie. Una vez más, puede ser útil pensar en los líderes a los que usted más admira. Lo más probable es que admire a quienes se centran en su trabajo, pero que al mismo tiempo no tienen miedo de soltarse de vez en cuando.

Principio 5: Mostrar sincero aprecio y elogio. Ya sea que lo demuestren o no, a todos les gusta ser apreciados por el trabajo que hacen. Esto es cierto incluso si la persona en cuestión no disfruta de su trabajo, o si prefiere trabajar en un campo totalmente diferente. No importa, todos tenemos una necesidad básica de ser necesarios y deseados.

Aproveche esta simple porción de psicología y elogie cada vez que es merecido. Por supuesto, nunca debe elogiar a las personas por el simple hecho de hacerlo, ya que esto solo le hará ganar la reputación de insincero o desesperado por ganar el afecto de su equipo. En su lugar, intente simplemente expresar verbalmente cada pensamiento positivo que tenga sobre el desempeño o los esfuerzos de su equipo. Es sorprendentemente fácil dejar que las personas no sean reconocidas. Un simple '¡Gran trabajo!' O 'Bien hecho' entregado con una breve sonrisa puede salvarla tarde de alguien.

Conceder elogios también le trasmite a los demás que usted es esencialmente una persona positiva a la que le gusta ver lo mejor en cada situación, y esta es una muy atractiva cualidad en un líder. A los empleados les gusta ser dirigidos por alguien en quien se puede confiar, que ve lo mejor en cada situación. Si su equipo todavía no tiene una estructura de incentivos, ¿por qué no implementar una? Esto puede ser tan simple como un certificado de 'Empleado del mes' o un programa más elaborado que consista en incentivos financieros o materiales por un magnifico desempeño.

Principio 6: Demuestre que puede ser flexible. Puede ser tentador, especialmente si usted es nuevo en una organización, sumergirse directamente e intentar implementar sus ideas. Eso es un error. Recuerde que incluso cuando haya sido contratado para hacer una diferencia drástica en un equipo existente, va a trabajar con personas que,por un tiempo,han hecho las cosas de cierta manera, ¡quizás incluso años! Por lo tanto, es importante introducir cambios de manera sensible. Esto establece un precedente, estableciéndose como un líder que tiene altos estándares, pero evita esperar milagros.

En la práctica, esto significa defender los valores mencionados anteriormente: honestidad y transparencia. Todos estarán esperando que usted haga cambios, pero es importante que explique su razonamiento y procesos a través de los canales apropiados. En momentos de fuertes cambios, realice reuniones semanales con el personal en las que describa qué está haciendo y para qué lo está haciendo. Esto es mas conveniente a simplemente escribir y enviar correos electrónicos, porque en persona, usted tiene el beneficio de observar el lenguaje corporal de todos. Esto es valioso, porque, aunque es fácil decir por escrito: "Sí" o "¡Gran idea, jefe!", es más difícil fingir un entusiasmo genuino en persona. Por lo tanto, realizar reuniones le ayudará a evaluar mejor las reacciones de todos frente a sus sugerencias.

Otro aspecto de mantenerse flexible es estar abierto y receptivo a los comentarios de aquellos a quienes dirige. Este es un tema importante en sí mismo, por lo que volveremos a este en varios puntos a lo largo del libro. Por ahora, basta con decir que las personas valoran a los líderes que pueden admitir cuando están equivocados y buscan orientación y apoyo en los demás.

Principio 7: Mantenga a su equipo desafiado, pero no sobrecargado. Junto con el sentimiento necesario, los seres humanos ansían estimulación. Esto variará de persona a persona (algunos parecieran tener un umbral de aburrimiento más alto que otros), pero como regla general, si desea un equipo feliz, debe asignarles suficiente trabajo para que se involucren, pero no tanto para que los lleve al agotamiento.

Este puede ser el principio más difícil de implementar, porque requiere que se familiarice con las limitaciones y talentos especiales de cada miembro del equipo. Solicitando archivos o notas sobre cada empleado,a su nuevo empleador, usted puede obtener una ventaja. Si se le da la oportunidad de realizar una reunión de 'reconocimiento de equipo' antes de que comience su contrato, utilícela como su primera oportunidad para comprender dónde se encuentran las fortalezas y debilidades de su equipo. ¿Quién es el comunicador más fuerte en el equipo? ¿Quién parece ser el más organizado? ¿Quién trabaja mejor bajo presión?

Durante las primeras semanas, pronto apreciará cómo, para ese momento, su equipo estará gestionando su carga de trabajo. Puede ser beneficioso pedirle a cada persona que anote, durante unos días, cómo emplean su tiempo. Si se sienten sobrecargados, usted puede usar esa información para priorizar las tareas que les asigne y trabajar con ellos para establecer un calendario más realista.

Por otro lado, es posible que tenga en su equipo a personas cuyos talentos no se aprovechan como corresponde. Estas personas pueden desempeñarse de forma satisfactoria, pero se manifiestan con baja estimulación. Aquí es donde debe ejercer su responsabilidad como directora fin de equilibrar la carga de trabajo de sus subalternos. En tal caso, debe considerar desafiarlos pidiéndoles que asuman la responsabilidad de un nuevo proyecto o que ayuden a un compañero de trabajo sobrecargado.

Mejorar la inteligencia emocional puede hacer una gran diferencia en su seguridad y carisma. Haga clic aquí para ver mi libro sobre Inteligencia Emocional.

Los Obstáculos Más Comunes De La Comunicación Del Liderazgo

Tener solidas habilidades de comunicación es vital para el liderazgo exitoso. Desafortunadamente, hay ciertos obstáculos que pueden causar problemas tanto para los directores experimentados como para los nuevos. Este capítulo lo llevará a través de los obstáculos más comunes de los que los líderes deben ser conscientes al comunicar sus mensajes e instrucciones a las personas que dirigen.

Uso excesivo de la jerga empresarial.

Siempre trate de ser claro y directo al hablar con los demás. No se sienta tentado a usar palabras o frases corporativas si son innecesarias. Si tiene que usar un término específico que puede ser desconocido para la persona promedio, asegúrese de definirlo claramente desde un comienzo y luego regrese al'español'tan pronto como sea posible.

El uso de la jerga empresarial no impresiona a las personas, al menos no a la clase de personas a las que,a usted, debería importarle impresionar. En cambio, le hace parecer innecesariamente distante e incluso puede crear la impresión de que se está 'escondiendo' detrás de palabras largas en lugar de abordar los problemas de manera directa. Esto no inspira seguridad en usted como líder.

Falta de seguridad y certeza.

Usted debe comunicarse con confianza si quiere que su equipo le tome en serio. Si no está seguro de sus propios objetivos, los demás se darán cuenta de esto y perderán la confianza en usted. Antes de asistir a una reunión o de redactar un correo electrónico, pregúntese qué está tratando de transmitir en su mensaje. No tenga miedo de indicar puntualmente cuál es el propósito de su comunicación; por ejemplo, -'Esta mañana, he convocado esta reunión sobre nuestro nuevo proveedor, porque me preocupa que el tiempo requerido para gestionar sus exigencias pueda costarnos recursos valiosos que sestan asignados a otros proyectos.'- Si esto suena obvio, hágalo de todos modos. Siempre es mejor arriesgarse a simplificar demasiado, que dejar que la gente se pregunte qué diablos está diciendo, o aún peor, se pregunte por qué se molesta en hablar de ello.

Insensibilidad a las diferencias culturales.

Vivimos en un mundo cada vez más globalizado, y la diversidad en el lugar de trabajo se fomenta y se alienta con razón. Esto puede, sin embargo, presentar ciertas dificultades para los líderes. Para dar un ejemplo simple, considere las diferencias culturales tradicionales entre los países occidentales y asiáticos. En el primer grupo de sociedades, se ha favorecido tradicionalmente un estilo de liderazgo directo y centrado en el individuo. Sin embargo, en otras culturas, se considera grosero cuestionar a sus 'superiores' o mayores, lo que puede significar que los miembros del equipo de otras culturas puedan dudar en ofrecerle algo que se parezca a una crítica o comentario negativo. La tensión también puede surgir si usted y un compañero de trabajo son de clases sociales muy diferentes, o si hay una amplia diferencia de edad.

No hay necesidad de ser pesimista acerca

de las diferencias, ya que en realidad muchas personas se comunican bien a pesar de que provienen de entornos diferentes. Sin embargo, es importante tener en cuenta que la falta de comunicación puede darse y de hecho se da debido a estos problemas. La solución es mantener sus expectativas claras con respecto a "cómo hacemos las cosas por aquí" y mantener estas expectativas para todos. No llame la atención sobre las diferencias culturales, pero intente mantener su idioma lo más accesible posible para la mayor cantidad de grupos de personas. Por ejemplo, evite los chistes o referencias culturales particulares que algunos miembros del equipo no puedan captar. Si se encuentra trabajando regularmente con personas cuya cultura es ajena a usted, considere la posibilidad de buscar consejos del área de recursos humanos sobre cómo puede evitar incómodos errores de comunicación.

Escoger el medio desacertado para su mensaje.

Las actualizaciones de rutina se pueden

enviar por correo electrónico, pero la información importante se debe entregar en persona o por teléfono y luego se debe confirmar con un correo electrónico de seguimiento. Después de una conversación presencial importante, envíe a la otra parte un mensaje que contenga los puntos clave planteados. Finalice el correo electrónico indicando que, si la otra persona no tiene objeciones, asume que el correo electrónico representa un registro válido de la conversación. Asegúrese de obtener, para el mensaje, una notificación de "Leído" y guarde una copia impresa si el asunto es especialmente delicado. Esto puede evitar posterioresdisputas.

Sacar conclusiones apresuradas basadas en incidentes individuales o componentes aislados del lenguaje corporal.

¿Alguna vez ha notado a alguien bostezar mientras usted hablaba, y por consiguientese sintió molesto? Es fácil notar un solo elemento del lenguaje corporal de alguien y sacar conclusiones negativas. Debe resistir a la tentación de hacer esto, ya que puede hacer que se sienta innecesariamente ansioso o enojado con su equipo. Recuerde que sí, alguien podría estar bostezando en una reunión porque está aburrido, pero también puede estar cansado o cayendo en un resfriado. En su lugar, preste atención al patrón más amplio de comportamientos que ellos tienen. Si un compañero de trabajo es generalmente respetuoso y trabajador, no pierda el tiempo molestándose porque una tarde se vea cansado o ligeramente apartado.

El fenómeno de los "rumores chinos".

Si tiene alguna novedad vital que comunicar, asegúrese de proporcionar la información directamente a todos los interesados. ¡No confíe en que se puede confiar en otros para transmitirlo con absoluta precisión! Si bien es importante confiar en quienes se encuentran directamente debajo de usted en la cadena de mando, tómese el tiempo para comunicar personalmente noticias e información importantes. Esto debe hacerse en persona y luego respaldado por un correo electrónico de seguimiento. De lo contrario, corre el riesgo de que otras personas malinterpreten lo que dice, y puede generar confusión. En los primeros días de su labor de gestión, ya que todavía está evaluando la confiabilidad y las personalidades de los miembros de su equipo, recuerde que cuanto más directo pueda ser, mejor.

Suponiendo que "no hay preguntas" significa "todos han comprendido".

¿Alguna vez ha estado en una reunión, escuchó atentamente lo que el líder estaba diciendo, y aun así se sintió desorientado cuando se fue? Quizás estaba demasiado apenado para admitir que necesitaba más aclaraciones y no levantó la mano o la voz para hacer preguntas.

Es importante que usted, como líder, recuerde que el hecho de que las personas no le hagan ninguna pregunta en una reunión, no significa que todos lo hayan comprendido perfectamente. Algunas personas podrían estar convencidas de que son las únicas en la sala que no entienden y son renuentes a pedirle que explique un concepto por segunda o tercera vez. El miedo a parecer estúpido o incompetente es fuerte en la mayoría de las personas.

Idealmente, habrá creado un entorno positivo y de apoyo en el que las personas se sientan capaces de admitir que no lo saben todo, pero esto tomará tiempo para construir esa confianza. Mientras tanto, asegúrese de que todos tengan una amplia oportunidad proporcionarle retroalimentación o hacer preguntas. Esto implica permitir suficiente tiempo al final de las reuniones para preguntas, pero también significa responder a los correos electrónicos desde el principio de su etapa como líder (para que las personas sientan que pueden enviarle correos electrónicos con sus preguntas), ser visto con regularidad en la oficina (para que las personas puedan acercarse a usted en persona) y siempre tratar a las personas con respeto (para que nunca tengan que temer que sean ridiculizados por hacer preguntas).

Fallando en hacer sentir su presencia.
A nadie le gusta estar cerca de un líder

poco serio, demasiado gruñón o exigente. Aquí es donde aparece el estereotipo de empleados que celebran cada vez que escuchan que su jefe estará fuera de la oficina. Sin embargo, si intenta implementar los consejos de liderazgo contenidos en este libro, ¡esto no se aplicará a usted! En cambio, su equipo apreciará realmente la oportunidad de verlo regularmente.

Incluso si tiene una oficina privada, estacione en un área diferente del estacionamiento de todos los demás, y tenga un asistente personal que atienda su agenda, haga el esfuerzo de ser accesible. Llame a la oficina de todos con la frecuencia que,razonablemente,su horario lo permita. Dé a su equipo la oportunidad de contarle personalmente cómo va su trabajo. El hecho de que ahora vivimos en una era de comunicación digital no significa que las personas hayan perdido su profundo aprecio por el contacto en persona. Además, demostrar que está dispuesto a hacer el esfuerzo de ver a todos demuestra que valora el tiempo y la contribución de cada uno. También le permitirá detectar problemas a medida que surjan, lo que en última instancia puede ahorrarle mucho tiempo y agonía más adelante.

Cómo Decir Lo Que Quiere Decir Y Que Aun Así Las Personas Le Admiren

No hay forma de evitarlo: a veces, como líder, tendrá que decir cosas que no serán bien recibidas. Es posible que tenga que anunciar recortes presupuestarios, congelación salarial o informar que un proyecto en particular requerirá que todos trabajen algunas horas durante el fin de semana. En otras ocasiones, tendrá que expresar su desacuerdo con las opiniones de otras personas. De vez en cuando, incluso puede encontrarse en conflicto directo con los demás. Recuerde que esto es normal: de hecho, una organización en la que todos se llevan perfectamente bien todo el tiempo debe verse con recelo, ya que esto indica una cultura de miedo en la que nadie se atreve a expresar sus opiniones o una cultura de conformismo en la cual las personas son contratadas sobre la base de que encajarán y causarán una mínima perturbación. Ninguno de estos escenarios le da espacio a una organización para crecer e innovar. ¡Hasta cierto punto, usted debería dar la bienvenida a undesacuerdoocasional o una discusión acalorada!

Aquí hay algunas buenas noticias más: hay técnicas que puede utilizar para transmitir mensajes difíciles de una manera sensata pero humana,lo que significa que las personas lo admirarán incluso cuando esté diciendo cosas que no quieren escuchar. Si aún tiene dudas cuando se trata de decir lo que realmente quiere decir, recuerde que a las personas les resulta difícil respetar a quienes huyen de los problemas difíciles. Incluso si es difícil defender sus propias creencias y opiniones, vivir con integridad le otorgará el mayor respeto a largo plazo, tanto de los demás como de sí mismo.

Siente bases defendiendo los valores

correctos.

Ya hemos abordado lo importante que es mantener su integridad y transparencia como líder. Haga esto y ya habrá preparado a otras personas para los momentos en que necesite transmitir malas noticias o estar en desacuerdo con ellas. ¿Por qué? Porque si ya ha ganado la reputación de ser abierto y honesto, la gente no se sorprenderá cuando diga exactamente lo que piensa y quiere decir.

Explique todo su proceso de pensamiento al exponer su punto de vista.

No permita que nadie se sienta confundido. Si necesita informarle a su equipo sobre una decisión reciente que ha tenido que tomar, una opinión que tiene en contra de la mayoría o un cambio significativo en políticas o procedimientos, asegúrese de tomarlocon calma y comenzar desde el principio. Simplemente resumir lo que considere que no es suficiente - para convencer a las personas de que usted es digno de ser escuchado o que sus habilidades para tomar decisiones son sólidas, es vital que proporcione información sobre sus procesos de pensamiento.

Por ejemplo, explique cómo y por qué llegó a finalizar un contrato importante con un determinado proveedor en lugar de simplemente llamar a todos a una sala y anunciar que la organización ya no trabajará con ellos. Cuando se toma el tiempo y el esfuerzo para explicar los motivos detrás de sus acciones, las personas lo respetarán y confiarán en usted. Percibirán que los considera personas inteligentes que necesitan y aprecian la comprensión de las decisiones de la empresa. Tomar este enfoque también previene la toxica pérdida de tiempo de los chismes de oficina y reduce los sentimientos de pánico en los miembros más inseguros del equipo.

Maneje la técnica del sándwich.

Si se encuentra en una posición en la que siente que debe estar en desacuerdo con la sugerencia de un compañero de trabajo o lanzar una objeción, pruebe la técnica del sándwich. Básicamente, comience brindando un breve comentario positivo, seguido de su punto principal, y cierre con otro comentario positivo. Por ejemplo, puede decir algo como esto: 'Creo que ha demostrado mucha reflexión en la forma cómo ha planeado nuestra estrategia para el próximo trimestre. Pero me gustaría sugerir que debemos lograr queen esta parte nuestra principal prioridad, sea la reorganización de nuestro departamento de logística, y no veo que esté bien representado en estos planes. Sin embargo, estoy realmente impresionado por los detalles en este punto'. Esta estrategia hace que sea menos probable que usted irrite a otras personas y muestra respeto por lasopiniones y esfuerzos que ellos hacen.

Brinde a la gente el respeto de entregar personalmentelas malas noticias.

Este consejo, por cierto, no debería requerir mucha explicación. Si necesita reducir las horas de trabajo de alguien, imponerle a una acción disciplinaria o retirarlo de la empresa, hágalo en persona y en una habitación privada,siempre que sea posible. Incluso si está despidiendo a alguien de la compañía, si usted fue insensible al hacerlo, es posible que este le diga a los que se quedan, y esto puede dañar su reputación. Póngase en la posición de ellos y trátelos como le gustaría que lo traten.

Permanezcaoptimista incluso ante las malas noticias. Replantéalo como una oportunidad para hacer algo diferente, nuevo o mejor.

Es posible que haya momentos en su carrera directiva en los que tenga que informarle a su equipo noticias terribles, por ejemplo, en proceso de cierre de la empresa o el fallecimiento de un compañero de trabajo. En tales casos, intentar dar un giro positivo a las noticias sería basto e insensible.

Sin embargo, la mayor parte del tiempo, por lo general, se puede encontrar algún tipo de ventaja si se observa con suficiente detenimiento. Esta es una habilidad valiosa para aprender, porque a las personas les gustan y respetan a los líderes que reconocen las malas noticias, pero también alientan a su equipo a considerarla como una experiencia de aprendizaje. Antes de llamar a una reunión o enviar un mensaje con noticias negativas, intente encontrar al menos un resultado positivo. Por ejemplo, aunque su equipo puede haber perdido un contrato, esto puede darles más tiempo disponible para hacer que otro proyecto sea especialmente bueno.

Resista la tentación de compartir demasiado.

No hay nada de malo con un líder que se siente apasionado por su trabajo y reacciona ante grandes eventos con sentimientos fuertes. Sin embargo, es importante que no comparta absolutamente todo lo que piensa y siente. Como regla general, dígales a las personas lo que necesitan saber y lo que les gustaría saber si estuvieran en su posición, pero no más que eso. Bajo ninguna circunstancia debe divulgar ninguna información confidencial que aquellos que mencionó anteriormente preferirían no convertirse en conocimiento común. No importa cuánto confíe y le guste a su equipo, puede apostar a que, de alguna manera, será identificado como la fuente de la fuga de información.

Practique las cosas difíciles en voz alta, solo, para perfeccionar su tono y lenguaje corporal.

Hablar en público es un trabajo duro para la mayoría de las personas, y si necesita dirigirse a una multitud, puede ser absolutamente estresante, especialmente si necesita transmitir malas noticias. Si no ha hablado mucho en público antes de su primer rol de liderazgo, ahora puede ser un buen punto para buscar capacitación o clases que lo ayuden a desarrollar esta habilidad. Haga esto temprano, antes de encontrarse con su primera crisis, y es inevitable que lo haga, ya que la vida es impredecible, y se sentirá mejor equipado para manejar los tiempos difíciles que se avecinan.

Si tiene que hacer una presentación o dar una charla en la que se le pedirá que dé malas noticias, primero practique. Cierre la puerta, párese frente a un espejo de cuerpo entero y observe su lenguaje corporal. Verifique que su postura sea recta, que sus manos no estén torcidas o tirando de su ropa, y que esté mirando hacia adelante. Practique dirigiéndose a la parte posterior de la habitación y proyectando su voz hablando desde su diafragma en lugar de desde la parte posterior de su garganta. Asistir a un grupo como Toastmaster International[1] puede ayudarlo a perfeccionar su técnica, al igual que cualquier capacitación oratoria o en medios de difusión que ofrezca su empleador. Nunca se sabe hasta que pregunta, por lo que, si con frecuencia se pone nervioso al hablar con grupos, ¿por qué no le pregunta a su gerente si hay posibilidades disponibles para ayudarlo a mejorar en esta área? Decir que necesita ayuda no es un signo de debilidad. Por el contrario, muestra que está dispuesto a hacer un inventario consciente de sus fortalezas y debilidades, lo que lo convierte en un codiciadoempleado y líder.

---

[1] Organización sin ánimo de lucro que fomenta el desarrollo de las habilidades de comunicación y el liderazgo. https://www.toastmasters.org/

¿Qué Pasa Si La Gente No Está De Acuerdo Con Usted?

En algún momento - con toda probabilidad, llegará más temprano que tarde - se encontrará con personas que no estén de acuerdo con usted. Esto es algo a lo que necesita acostumbrarse, sobre todo si trabaja con un equipo de personas grande o diverso. Saber cómo manejar la retroalimentación negativa y las diferencias de opinión es una habilidad esencial para cualquier líder.

Dese cuenta de que pueden tener razón, así que escúchelos.

Cuando alguien no está de acuerdo con usted, ¿asume por omisión que usted tiene razón y que los demás están equivocados? Si es así, necesita ajustar su actitud de inmediato. No puede esperar tener la razón en cada ocasión, nadie es perfecto o súper-humano. En otras palabras, cuando alguienobjeta en oposición a usted, debe asumir que puede tener razón. Es posible que esta persona no necesariamente esté en lo correcto en su valoración, pero prepárese para reconocer que debe escuchar lo que tienen que decir. Esto es especialmente cierto si usted es nuevo en el rol o en una organización. No descarte las opiniones de otros simplemente porque son menos experimentados, de menor cargoo más jóvenes que usted.

Si se encuentra de acuerdo con lo que están diciendo, no tenga miedo de reconocer esto abiertamente.

Incluso si la opinión no tiene sentido, antes de reaccionar de forma exagerada piense en la reputación de usted.

Todo muy bien, puede pensar, pero ¿qué pasa si la otra persona en cuestión realmente está mal, o se sabe que dice muchos disparates? Debería escucharlo de todos modos, y tomarlo en serio. ¿Por qué? Sencillamente, usted no quiere la reputación de alguien que deja de lado las opiniones de a quienes lidera. Desea una reputación como líder que esté dispuesto a mantenerse firme en sus creencias pero que también acepte puntos de vista que difieran de los suyos.

Por lo tanto, es importante que conceda, a la persona que no esté de acuerdo con usted,el tiempo suficiente para expresar su queja. Maneje esto de la manera más discreta y profesional posible. Por ejemplo, siempre es mejor llevar las discusiones sensibles a puerta cerrada en lugar de llevar a cabo una pelea a gritos en medio de una oficina de planta abierta. Convocar a una reunión con un inicio y finalización formales también les permitirá a ambos preparar con anticipación lo que van a decir, lo que garantiza que todos tengan la oportunidad de sentirse escuchados.

Ver los desacuerdos como una señal de acierto.

No se sorprenda ni se moleste cuando las personas rechacen sus ideas: Cuando las personas pueden discrepar respetuosamente con su gerente de línea es indicio de lugar positivo de trabajo. No significa que haya fallado. Solo significa que tiene la responsabilidad final de tener en cuenta toda la información disponible y llegar a una decisión sensata y bien informada. Los empleados que pueden desafiar a sus gerentes en algunas situaciones pueden incluso 'salvar vidas'. Deberían sentirse capaces de señalar catástrofes inminentes y sugerir formas mejores y más seguras de realizar las actividades de la organización. Así que manténgase abierto a lo que dicen los demás y no permita que su orgullo se interponga en el camino.

Su propio gerente, si entiende lo que realmente significa ser un gran líder, debe sentirse impresionado de que usted cuente con que los miembros de su equipo estén en desacuerdo con usted de vez en cuando. Se sentirá seguro de que usted no es peligrosamente arrogante.

Lleve un registro de la conversación y pida declaraciones de testigos, si es pertinente.

En la mayoría de los casos, los desacuerdos son de bajo nivel y se pueden resolver con unos minutos de conversación constructiva. Sin embargo, de vez en cuando puede verse envuelto en una discusión acalorada con un compañero de trabajo. Si este es el caso, necesita enfocarse en tres cosas:

1. Mantener la calma;

2. Recordarsus objetivos;

3. Obtenerun registro de lo acontecido y de las palabras intercambiadas.

Mantener la calma viene con la práctica. Se trata de mantener sus ojos en el panorama general. Recuerde que, probablemente, incluso disputas plenas no importarán dentro de unas pocas semanas, y,de ser así, el próximo año serán un recuerdo lejano. No se deje enredar emocionalmente en el momento. Si necesita excusarse de la habitación por unos momentos para ir al baño, hágalo. Ganará el respeto de los demás al demostrar que comprende la necesidad de abordar el conflicto desde una perspectiva tranquila.

A continuación, recuerde sus objetivos: tiene un problema particular que necesita solución y necesita llegar a algún tipo de resolución con el mínimo de sentimientos heridos y lesiones en las relaciones laborales. Recuerde que cualquier discusión relacionada con el trabajo es mucho más grande que las partes interesadas; Su principal motivo debe ser promover los objetivos y el éxito de su organización. Trate de hacer a un lado lo molesto o enojado que se siente con el compañero de trabajo en cuestión y, en su lugar, asegúrese de intentar obtener el mejor resultado posible para el bien de la empresa. Recuerde que, si bien es maravilloso ser querido por su equipo, un buen liderazgo no es un concurso de popularidad y no va a lograramistad con todos.

Finalmente, siempre lleve registro de conflictos significativos. Después de un intercambio acalorado o controvertido, escriba su versión de los eventos y envíela por correo electrónico a todas las partes involucradas. Indique que sintió que valía la pena grabar el debate por el bien de todos, y, a menos que le escriban de nuevo y piensen lo contrario, asumirá que su cuenta será una referencia precisa en caso de que surjan más problemas. Hacer esto afirma su reputación como alguien que toma en serio los desacuerdos, y también le permite cubrir su espalda hasta cierto punto si un miembro de su equipo intenta más tarde acercarse a un gerente de nivel superior o presentar una queja formal contra usted. Aunque la mayoría de las personas no querrán prolongar el conflicto más de lo necesario, hay algunas dentro de cada gran organización que con mucho gusto crearán problemas siempre que les sea posible. Es vital que entienda lo importante que es salvaguardarse de ellos.

Considerar las partes interesadas y las implicaciones políticas más amplias.

A veces argumentar no es políticamente sensato, incluso si usted sabe que tiene razón. ¿Por qué? Bueno, a veces debe considerar las implicaciones a largo plazo de ponerse del lado de una persona en particular, especialmente si el asunto es un tanto trivial, y luego usar este conocimiento para determinar cómo debe abordar la situación. Por ejemplo, puede estar en desacuerdo con uno de sus compañeros de trabajo, pero ¿es probable que su jefe o cliente se alíe con esta otra parte? Si este es el caso, puede valer la pena seguir le punto de vista de ellos, en lugar de arriesgarse a causar tensiones o fisuras innecesarias.

Tenga en cuenta que hacer concesiones puede apalancarlo más adelante para obtener lo que desea.

La mayoría de la gente piensa en términos de reciprocidad: si les concede un favor, a menudo se sienten en deuda con usted. En otras palabras, las personas generalmente operan sobre una base de 'quid pro quo'[2]. Esto significa que, si decide hacer concesiones con un compañero de trabajo, incluso cuando no tiene que hacerlo, probablemente este sentirá como si le debieraa ustedun favormás adelante. Los líderes sabios usan estefragmento de psicología para su ventaja. Si enfatiza en "ceder" en temas relativamente menores para mantener la paz, puede aprovechar más adelante la reserva de 'buena voluntad' que acumulará cuando necesite algo de la persona en cuestión. Esto puede sonar manipulativo, pero es un principio

---

[2] Expresión en latín que se refiere a "algo por algo" o "doy para que des"

básico de las relaciones humanas que la mayoría de las personas pueden, y hasta cierto puntolo hacen. Asegúrese de no estar haciendo concesiones significativamente mayores a lo que está dispuesto a asumir.

No imponga solo su voluntad, a menos que sea una emergencia - la gente no perdona ni olvida fácilmente a un tirano.

Si la disputa está en curso o parezca probable que provoque una ruptura importante, programe una reunión apropiada para profundizar en el verdadero origen del desacuerdo. Hágalo tan pronto como sea posible. A menos que exista una verdadera crisis en el trabajo o su equipo tenga la necesidad urgente de alguien que intervenga y restablezca el orden, resista la tentación de imponer su voluntad a las personas o pedirles que le obedezcan estrictamente porque usted es el líder y ellos son tus subordinados.

Un enfoque tan brutal funciona bien en tiempos de emergencia y puede ganarse un gran respeto, pero no es el mejor método para el compromiso a largo plazo, ni paralas relaciones de trabajo felices. Haga que su estilo de liderazgo estándar sea colaborativo y flexible en lugar de tiránico, aunque no sea por otro motivo que el que nos pone seriamente cansados de ser ruidosos y contundentes todo el tiempo.

Qué Hacer Con Los Compañeros Realmente Molestos

Como líder, aprenderá rápidamente que no todas las personas con las que trabaja le querrán, le respetarán o compartirán sus puntos de vista. Ya hemos examinado cómo manejar el conflicto, pero ¿qué pasa con las personas que simplemente son molestas? Aquí hay algunos consejos sobre cómo manejar ciertos tipos de personalidad que puede encontrar en el lugar de trabajo.

Considere si la actitud de estos es sobre la situación o de una persona en particular.

Si a menudo entra en conflicto con una persona en particular, su primera prioridad debe ser determinar si es usted con quien tiene un problema o si este se comporta de manera similar a todos los que conocen. Observe cómo interactúa con los demás. Puede descubrir que esta persona tiene un problema de actitud, y este descubrimiento puede ayudarlo a tomar su conducta menos personalmente.

Sin embargo, si es solo con usted con quien tiene problemas, ¡regocíjese! ¿Por qué? Porque si puede cambiar su relación con él, habrá resuelto el problema. Siga los pasos de este libro y dejará suficiente huella positiva en otras personas de que es probable que gane al menos un básico nivel de respeto por parte de esta persona a lo largo del tiempo. Si no, considérelo como una lección en la dura realidad de la gestión – que no todos le concederán el respeto que se merece.

Si tiene la impresión de que un molestocompañero de trabajo o un miembro del equipo no está contento, haga todo lo posible por comprender los motivos

Si un miembro de su equipo es irritantemente desanimado o presumido, programe una discusión franca sobre su actitud. Explique que no solo está afectando a usted, sino a su propia felicidad, a los otros miembros de su equipo y, en última instancia, al rendimiento de la organización como un todo. En lugar de tratar su problema como un inconveniente dentro de sí mismo que necesita ser resuelto, trate su infelicidad como un asunto que ambos pueden trabajar conjuntamente para resolver. Explique que sabe que no es realista esperar que todos disfruten de su trabajo y muestren una actitud sobresaliente todo el tiempo, pero ambos tienen un interés común en disfrutar de sus trabajos y agregar valor a la compañía. No olvide documentar todo.

A veces un simple cambio puede estimular el crecimiento personal.

A veces la gente se aburre y descarga en los demás porque están estancados. ¿Podría ser esto cierto para ese molesto miembro del equipo? Quizás necesite un cambio en su rutina, alguna nueva responsabilidad o un nuevo desafío.

Probar la técnica del disco rayado.

Si tiene la mala suerte de trabajar con alguien que plantea los mismos problemas una y otra vez o que le hace preguntas inapropiadas, use la técnica del disco rayado. Esto implica optar por una "respuesta predeterminada" y repetirla cada vez que le hacen la misma pregunta. Por ejemplo, si tiene un miembro del equipo que continuamente le pregunta acerca de la política de vacaciones, incluso si no es su responsabilidad, intente decir algo como: "Me temo que el área de RRHH es la más apropiada para eso, no yo". Recibirá el mensaje y molestará a alguien más.

Si tiene un verdadero bromista en la oficina, intente canalizar sus esfuerzos en otra parte.

Algunas personas son bien intencionadas, pero, sin embargo, logran irritar a todos a su alrededor. Esto es particularmente común en los "bromistas de oficina", quienes parecieran hacer que jugar bromas, o actuar de una manera tonta con la mayor frecuencia posible, es su misión en la vida. Hasta cierto punto, deben ser tolerados, ¡pueden agregarle personalidad al lugar de trabajo! Sin embargo, si sus payasadas tienen un efecto perjudicial en la productividad del equipo, deben ser puestos bajo control. Intente un enfoque dual. Tenga una conversación individual con ellos y subraye el hecho de que usted aprecia el humor que aportan al lugar de trabajo, pero que necesitan atenuar su modo de actuar.

Al mismo tiempo, deles una alternativa para canalizar sus energías. Tal vez podría hacerlos responsables de las actividades de socialización en el trabajo, por ejemplo. Alternativamente, deles algunos desafíos adicionales relacionados con el trabajo que mantendrán sus cerebros ocupados. Este tipo de personas a menudo son creativas y puedes hacer un buen uso de esta energía.

Si alguien piensa todo el tiempo que sabe más,bríndele la oportunidad de demostrarlo y quedar en evidencia.

Si tiene que manejar una personaque le guste quejarse de forma crónica o alguien que sutilmente sugiere que podría hacer todo mejor que usted si solo se le diera la oportunidad, déjelo en evidencia. Asegúrese de preguntarle qué piensa acerca de los problemas difíciles y pídale que explique en detalle cómo manejaría una situación. Sus respuestas pueden ser difíciles de escuchar, pero una vez que se vea obligado a razonar una situación en voz alta, se dará cuenta de que usted es el gerente por una razón.

Si persistentementealguien no está de acuerdo con su pensamiento sobre ciertos temas, pero no ofrece sugerencias constructivas, comience a pedirle informes breves escritos que contengan sus comentarios sobre situaciones específicas. Pronto es persona aprenderá a no afirmar fortuitamente que podría hacer el trabajo mejor que usted o que tiene todas las respuestas.

Cuándo Debatir y Cuándo Dejar Pasar

Ya hemos echado un vistazo a cómo manejar los desacuerdos y cómo lidiar con compañeros de trabajo molestos, pero a veces es necesario preguntarse en primer lugar si realmente vale la pena molestarse por el problema. Si frecuentemente se encuentra involucrado en conflictos y desacuerdos, o si tiene que resolverlos entre dos o más de los miembros de su equipo, puede ser el momento de considerar si está asignando demasiado tiempo al tipo de problemas incorrecto. Considere los siguientes puntos cuando sienta que una polémica se está gestando en el trabajo.

¡A veces es mejor dejar que alguien cometa un pequeño error, siempre y cuando tenga la capacidad de arreglar el lio!

¿Un miembro de su equipo insiste en que se les permita hacer algo de cierta manera, aunque sea claro para otras personas que se están preparando para una caída? Una forma de manejar tal situación es darle la oportunidad de enseñarle una lección. Si es posible, dígale que no está de acuerdo con cómo quiere manejar el escenario, pero que quiere que aprenda de sus propias experiencias. Respire hondo y deje que esa persona cometa sus propios errores. Tenga en cuenta que nunca debe hacer esto si es mucho lo que está en juego, pero permitir que alguien cometa sus propios errores puede ser una valiosa herramienta de enseñanza.

Por supuesto, si resulta que esa persona tenía razón, no sea soberbio al reconocer que han hecho un buen trabajo. ¡Sea humilde!

No tome la caída por alguien más.

Aunque un buen líder,en cierta medida, protege a su equipo y acepta la responsabilidad absoluta por sus resultados, no tiene mucho sentido arriesgar su propia reputación por mantener la paz y estar de acuerdo con una indicación que usted considera que está equivocada. Si la naturaleza obstinada de otro le costará personalmente, exponga su caso y luego muéstrese firme.

Pregúntese si el problema dejará de tener importancia dentro de una semana o un mes.

Si la respuesta es –'No, no le importará a nadie'-, entonces probablemente no valga la pena discutir. Suavice las cosas lo más rápido posible y avance a temas más importantes. Su tiempo es un recurso valioso, y no tiene sentido discutir sobre problemas menores cuando tiene mayores prioridades en las que concentrarse. Forme esta actitud en su equipo, y ellos aprenderán hacia dónde dirigir sus propias energías.

A veces hay que dejar que otras personas no estén de acuerdo - desde espacios separados.

A veces es apropiado dejar que dos de los miembros de su equipo se involucren en un desacuerdo saludable. Sin embargo, si comienzan a llamarse nombres o arrastran problemas del pasado, es hora de intervenir y forzar una tregua. Esto puede requerir que envíe uno para participar en una tarea de trabajo no relacionada, o incluso pedirles que por un tiempo se sienten en salas separadas. Si el ambiente de su oficina es informal y el problema es relativamente pequeño, intente señalar suavemente que es insensato discutir este punto en particular. Esto puede ser suficiente para ayudarlos a darse cuenta de que su tiempo sería mejor gastado en otra parte.

Trate de prever los problemas que puedan causar conflictos antes de tiempo, para que usted pueda anticipar la mejor manera de disipar la situación. Por ejemplo, si sabe que es probable que dos de los miembros de su equipo entren en desacuerdo en una reunión en particular, puede tener una discreta conversación con ambos antes del evento y establezca que, aunque respeta que tengan una diferencia de opinión, usted espera que ambos acepten actuar como adultos maduros y compartan su compromiso de actuar por los mejores intereses de la compañía.

Tenga en cuenta el contexto.

Si se encuentra sintiéndose especialmente irritable un día sin ninguna razón aparente, manténgaseatento para asegurarse de no tener discusiones innecesarias. Como regla general, no discuta cuando esté inusualmente ocupado, cuando esté especialmente cansado, o lo primero que se haga un lunes por la mañana; esto determinará un tono poco agradable para el resto de la semana.

Cómo, Finalmente, Empezar A Recordar Nombres.

Si maneja un equipo grande, es posible que deba aprender muchos nombres en un lapso de tiempo relativamente corto. Muchos líderes encuentran esto difícil, así que aquí hay algunos consejos que pueden ayudar.

Ponga las fotos de los miembros de su equipo en un archivo bien situado.

La mayoría de las organizaciones mantienen fotografías oficiales archivadas de todos los empleados. Imprima una hoja A4 de estas fotos, con sus respectivos nombres, y manténgala a mano. Dedique un par de minutos al día a estudiar esta hoja hasta que sepa quién es quién.

Use el nombre de las personas en la conversación.

Usar el nombre de alguien en un saludo y luego un par de veces durante una conversación lo ayudará a reforzarlo en su memoria a medida que su cerebro escuche la palabra utilizada en un contexto de la vida real. No use su nombre en exceso, ya que suena extraño o aterrador, pero asegúrese de incluirlo en cada interacción significativa al menos una vez.

Llegue a conocera su equipo como personas.

Cuanto más valore a los miembros de su equipo como personas, más fácilmente recordará sus nombres porque le parecerán más reales e importantes. Asegúrese de preguntar por sus hijos, familias o sobre un pasatiempo en particular que les parezca importante.

Si su personalidad y la de su organización parecen pertinentes, sugiera que todos usen etiquetas con nombres durante unos días o que las presenten cada vez que hablen con usted.

Si usted es nuevo en una organización y se enfrenta a la tarea de aprender muchos nombres en poco tiempo, adopte un enfoque osado y pida a todos que usen pequeñas etiquetas de identificación durante los primeros días. Alternativamente, si esta táctica no se ajusta a su personalidad, solicite cortésmente que todos se presenten por su nombre durante la primera quincena en la que usted esté en su nuevo rol.

Cómo Dar Retroalimentación Valiosa

Como líder, se le pedirá que,en periodos regulares, brinde su retroalimentación a todos los miembros de su equipo. Esto puede ser gratificante cuando las cosas van bien, pero difícil cuando necesita hacer sugerencias del modo en que la gente puede mejorar. Siga leyendo para obtener algunos consejos sobre cómo proporcionar mejores y más útiles comentarios.

Utilice la técnica del sándwich.

Como se mencionó anteriormente, la técnica delSandwich es una forma de hacer que la retroalimentacióno las noticias,críticas o negativas,sean más aceptables a través de aportar unafianzamiento positivo justo antes y después del contenido principal.

Al dar retroalimentación, siempre comience y termine haciendo una declaración positiva de algún tipo. Por ejemplo, podría elogiar el esfuerzo y la actitud de alguien hacia un proyecto, incluso si el resultado no fuera satisfactorio.

Centrarse en los objetivos, así como el rendimiento histórico.

Ya sea que proporcione comentarios positivos, neutrales o negativos, mueva la discusión hacia las metas lo antes posible. Para aquellos que se están desempeñando bien, las metas les brindan mayor dirección e incentivo para comportarse de manera productiva. Para aquellos que tienen un desempeño inferior, los objetivos ayudan a prevenir sentimientos de desesperanza e impotencia. Nunca permita que alguien se vaya de una revisión de desempeño o reunión de progreso sin tener una buena idea de hacia dónde se dirige. La falta de enfoque y convencimiento reducirá la motivación de cualquier empleado y disminuirá desempeño del grupo.

Cuando asuma un rol de liderazgo, se le indicará que siga un esquema de retroalimentación determinado, si su rol implica entregarlo de manera regular. Es una buena idea seguir los procedimientos señalados por la compañía, pero si detecta alguna debilidad no dude en acercarse a alguien en RRHH, que esté a cargo de la retroalimentación, y plantear el problema amablemente.

Recuerde las pautas básicas detrás de toda buena fijación de metas,tenga presente el acrónimo SMART[3]:

Específicas: las metas deben los comportamientos y objetivos que se puedan identificar. Por ejemplo: 'Mejorar la producción en un 25% dentro de las

---

[3] SMART: (**S**pecific - **M**easurable - **A**chievable - **R**elevant - **T**ime–bound):

próximas seis semanas', es específico, mientras que 'Mejorar la producción pronto' no es lo suficientemente específico.

Medibles: Las metas deben resultar en desempeño que pueda medirse de manera objetiva. Por ejemplo: 'Estar en la oficina puntual el 100% de las veces dentro de las próximas dos semanas'. ¡Esto se puede medir porque el tiempo se puede medir objetivamente!

Alcanzables: las metas deberían ser realmente factibles.

Relevantes: Las metas deben relacionarse con objetivos e intenciones más amplios. No tiene sentido establecer un objetivo si no ayudará a alguien a cumplir su función laboral de manera adecuada.

De duración Limitada: Las metas siempre se deben ubicar en un contexto de tiempo. Las metas pueden abarcar períodos de tiempo de días a años, pero es importante que la persona que se esfuerza por lograrlo tenga una fecha limite o similar con la cual trabajar.

Centrarse en los comportamientos, no en

la persona.

Si se enfrenta a la desagradable tarea de amonestar a un empleado por un deficiente desempeño o un comportamiento inadecuado, mantenga su conversación centrada en lo que realmente ha hecho (o a dejado de hacer), en lugar de abrir agujeros en su personalidad. Aunque es difícil, trate de diferenciar a la persona de la forma en que está actuando. Por ejemplo, si un miembro del equipo llega tarde con frecuencia, apéguese a los hechos cuando explique cómo deben cambiar, en lugar de destruirlo por su 'actitud despreocupada'. Deje en claro que necesita que se cumplan ciertos estándares: estar en la oficina a las 8:30 A.M todos los días, a menos que estén enfermos o pidan permiso de antemano para llegar más tarde, o de lo contrario habrá consecuencias tangibles (por ejemplo, un aviso formal por escrito).

La retroalimentación habitual es importante.

Si su empresa aún no cuenta con un procedimiento mediante el cual se envía retroalimentación regular a los empleados, establezca la prioridad de poner uno en funcionamiento lo antes posible. Esto puede ser tan simple como una revisión semestral con un cuestionario estandarizado, o algo más elaborado, como un sistema de retroalimentación '360º' en el que el empleado, sus colegas y su gerente brindan retroalimentación que luego se consolida en un soloencuentro. Pregunte a sus compañeros con responsabilidades similares a las suyas cómo enfocan la retroalimentación de los miembros de su equipo. Puede ahorrarse muchos inconvenientes, tiempo, prueba y error aprendiendo de aquellos que han estado en la empresa por más tiempo y comprenden su cultura.

Pruebe su estilo de retroalimentación.

Pídale a un colega o amigo de confianza que le haga una evaluación honesta del estilo de su retroalimentación. Indíquele que simule que está bajo su supervisión y que le está dando su retroalimentación. Muéstrele cómo entrega una retroalimentación positiva, neutral y negativa. Solicítele que comente sobre la elección de sus palabras, ritmo y lenguaje corporal. Pídale que imagine cómo se sentiría al salir de la reunión si estuviera en la posición de alguien en el equipo que usted dirige. Puede descubrir que necesita comunicarse más claramente, o quizás adoptar un tono de voz más alentador. Puede ser fácil suponer que otras personas deducen de nosotros exactamente lo que pretendemos comunicar, pero a menudo no es así. Minimice el riesgo de que esto ocurra al representar primero los roles.

Conclusión

¡Gracias por escoger y descargar este libro! Con su recién adquirido conocimiento y prácticos consejos para poner a prueba, usted está bien preparado para desarrollar su potencial de liderazgo. Recuerde que aprender a dirigir bien es un proyecto para toda la vida. Buena suerte, y aquí está para su éxito

Parte 2

Introducción

Gracias por descargar este libro. Con más de 15 años de experiencia en el mundo corporativo y trabajando como voluntario en muchos proyectos, he logrado reconocer la importancia del liderazgo en la vida del hombre. Se piensa que el liderazgo es un asunto que solo corresponde a individuos que ocupan posiciones clave dentro de una organización. Sin embargo, la realidad es que cada uno de nosotros se ha encontrado en situaciones donde se nos ha requerido guiar a otros de forma efectiva. Esto puede referirse al momento de empezar una familia, en los estudios, deportes, negocios o incluso en nuestros trabajos.

El liderazgo no solo está ligado a un puesto de trabajo; es una habilidad que nos puede ayudar a mejorar nuestras interacciones con los demás y por lo tanto mejorar nuestras vidas.

El primer estudio serio sobre liderazgo se remonta a 1920 y desde entonces podemos encontrar incontable literatura sobre el tema. Para este libro, he tratado de consolidar factores clave disponibles gracias a años de investigación institucional que pueden ayudar al hombre común a convertirse en un líder efectivo. Si eres padre de familia, dueño de un negocio o tienes un trabajo, las habilidades de liderazgo te permiten conectar con las personas y movilizarlas hacia una dirección. También permite desarrollar seguidores que crean y estén dispuestos a apoyar la visión de cambio que tienes. Es una herramienta poderosa porque conlleva a ganar la habilidad de influir sobre grupos, comunidades, sociedades, etc. en un modo positivo para traer un cambio.

Este libro proporcionar algunas técnicas esenciales y estrategias para ser un individuo más influyente. De este libro puedes sacar un mejor entendimiento sobre la importancia del liderazgo, adoptar características y actitudes clave, evaluarte a ti mismo como líder y sobre todas las cosas convertirte en un líder mejor y más eficiente.

Te animo a tomar el tiempo para revisar este libro y sacar el mejor partido.

He extraído puntos importantes y los he simplificado para que puedan ser practicados en el día a día de cualquier persona que esté interesada en crear un mayor impacto sobre su familia, comunidad, organización y vida. Por lo tanto, este libro es breve y preciso para una lectura más fácil. La meta es darte información útil y práctica que pueda ser implementada más que presentar montones de páginas de investigación y datos objetivos.

Capítulo 1

Definición e importancia del Liderazgo

El concepto de Liderazgo es mucho más simple de lo que pensamos. Se resume en hacer que las personas tomen una acción hacia un objetivo. El mayor reto de un líder es ¿cómo mover a otros hacia una misma meta o acción?

Verás, la gente se moviliza cuando se siente inspirada, motivada y animada (directa o indirectamente) para conseguir un mejor futuro. Este futuro puede estar relacionado a su vida personal, organización, comunidad, sociedad, etc. No se si has escuchado acerca de una figura del deporte reciente en UltimateFightingChampionship (UFC), ConnerMcGregor. No soy fanático de la UFC, pero sin duda este individuo me interesó. Para aquellos que no conocen a ConnerMCGregor, es un luchador irlandés de 27 años, que llegó al campeonato mundial en cuestión de meses, obteniendo múltiples títulos mundiales en este momento. Sin entrar en muchos detalles acerca de ConnerMcGregor, lo realmente fascinante, es la cantidad de gente en Irlanda que se sintió inspirada y comenzó a combinar artes marciales con el deporte de campeonato UltimateFighting.

Todos hemos escuchado acerca de Bruce Lee; quien fue capaz de motivar a miles de individuos a practicar el arte del Kung Fu y las Artes Marciales. Junto con sus habilidades increíbles en el deporte, fue capaz de movilizar a la gente al motivarlos e inspirarlos con sus filosofías sobre la vida, el entrenamiento, el arte, etc. Deben existir muchos expertos en artes marciales antes y después de él, pero Bruce Lee movilizó a miles (sino millones) hacia una nueva forma de entrenamiento de combate y un nuevo estilo de vida. Aún hoy, sus enseñanzas siguen vigentes y la gente continua aprendiendo y creciendo utilizando sus filosofías.

Estos son solo ejemplos; ahora, uno no tiene que ser una figura del deporte para ser un líder. El punto es que los líderes tienen la habilidad (o el encanto si se quiere) para hacer que miles tomen acción hacia una dirección en particular.

Esencialmente esto es lo que realmente implica el liderazgo. Ahora bien, existen innumerables estudios y variables en las que los líderes puedes hacer que otros tomen acción. Sin embargo, antes de entrar en ese tema, hablemos de por qué el liderazgo es importante. ¿Por qué alguien quisiera que otro se mueva o tome cierta acción? Para la mujer y el hombre ordinario, ¿no es suficiente tener una vida como a él o a ella le place, sin tener la necesidad de hacer que otros tomen ninguna acción?

Bien, en algunos escenarios no tienen ningún sentido intentar liderar a otros. No estamos obligados a conducir a otros en general en la vida. Pero, en otros casos, la pasión o el deseo por una actividad o un resultado es tan maravilloso en una persona, que naturalmente le transmite a otros y los lleva a entrar en acción. Un ejemplo puede ser Tiger Woods. El golf es su pasión, pero se hizo tan bueno, que Tiger Woods fue capaz de atraer a muchas personas a empezar a practicar golf. Le imprimió un nuevo carisma y atractivo al deporte del golf.

Sin embargo, para la persona promedio, el liderazgo puede ser incluso una necesidad cuando se trata de criar una familia o representar un rol positivo en la sociedad o en un negocio o se encuentra en una posición en el trabajo de liderar a otros. El punto es, las circunstancias o situaciones pueden demandar que actúes como un líder, lo quieras o no.

Por lo tanto, me gusta creer que es importante desarrollarlo. Si el liderazgo no es bien entendido, la gente realmente puede entrar en conflicto cuando se requiere que lidere a otros en sus vidas. No puedo hacer suficiente énfasis en la importancia del liderazgo cuando se trata de llevar un negocio. Tienes que estar muy en control de tus colegas, trabajadores, etc. Si el líder de una compañía no es capaz de darle una dirección clara a su gente o movilizarlos hacia una visión en común, es casi imposible que las personas se logren alinearse hacia una meta común y se logren resultados.

Espero haber hecho suficiente énfasis en la importancia del liderazgo en la vida de todos. Quizás venga en diferentes formas y maneras, pero todos experimentan la necesidad de liderar a otros en algún aspecto de la vida. Dicho esto, quisiera hablar de algunas formas en las que los líderes pueden persuadir a otros. Estos puntos no son todos comunes a todas las situaciones de liderazgo. Diferentes escenarios funcionan distinto, pero yo creo que pueden ser utilizadas de forma positiva cuando sea necesario. También te dará una idea más clara en cómo eliges persuadir a otros para que tomen acción. Algunas técnicas de persuasión utilizadas por líderes exitosos son:

- **Reciprocidad** – Es la habilidad de dar antes de pedir algo a cambio. Una forma efectiva de persuadir a otros puede ser dando algo antes de solicitar una acción en retorno.

- **Escasez** – Cuando algo parece estar acabándose las personas suelen moverse hacia ello. Especialmente por el miedo de lo que podrían perder.

- **Autoridad** – la gente tiende a seguir a individuos que tienen credibilidad, conocimiento y experiencia.

- **Consistencia** – Cuando la gente puede ver que el compromiso y la consistencia se encuentran, tienden a desarrollar confianza. La confianza es la clave de la persuasión.

- **Simpatía** – Los principales factores juegan un rol en la simpatía (1) Personas similares a nosotros. (2) Personas que nos hacen cumplidos y (3) personas que cooperan con nosotros.

- **Consenso** – Cuando hay inseguridad, las personas verán el comportamiento de otros antes de determinar los propios.

Es importante conocer estos principios de persuasión y utilizarlos cuando sea necesario. Ahora, estas son herramientas utilizadas por un individuo para animar a otros a tomar acción. No necesariamente representan características del liderazgo. A continuación, hablaremos sobre los valores clave y características que un "buen" líder debe tener. Cada individuo es único en la forma en que él o ella lidera a otros. Nada de esto está escrito en piedra, sin embargo, he mencionado estos principios para darles algunas guías y alentar a los lectores a adoptar algunos de ellos como hábitos o parte de su vida.

Capítulo 2

Valores clave y características del Liderazgo

La dinámica de liderar a otros en distintas situaciones puede ser tan extensa, que no resulta fácil determinar exactamente qué funciona en cada situación.

Algunas personas pueden enfrentar algunas condiciones que requieren un enfoque más práctico, mientras que otros pueden necesitar indicaciones y estrategias. Saber cómo adaptarse basados en la situación que enfrenta cada individuo es ciertamente una característica de un líder.

Dicho esto, basado en investigaciones y estudios de numerosas compañías expertas que han logrado limitar algunos rasgos comunes que hacen a un líder exitoso. Siendo esto, en el caso del líder, lograr hacer que las persones tomen la acción deseada y lograr el resultado que se espera.

Tener altos niveles de inteligencia y conocimiento técnico es muy importante. Sin embargo, estudios recientes sobre modelos de competencia de 188 compañías demostraron que la inteligencia emocional es el mayor aporte para ser un líder exitoso. En varios niveles de posiciones de liderazgo dentro de las organizaciones, los individuos que demostraron un nivel de inteligencia emocional mayor destacaron sobre los demás. Como explico en la construcción de bloques de inteligencia emocional, verás cómo ésta juega un papel crítico en influenciar a la gente y obtener resultados. Son los valores fundamentales y características de un líder efectivo. Si las filosofías fundacionales de cualquier líder incorporan estos valores y características, es más probable que sobresalgan en su rol de liderazgo. Del mismo modo, la exclusión de estos principios llevará a más frustración y resultados desfavorables.

Para desarrollar tu valores y características

de liderazgo trata de incorporar uno o más de los siguientes principios básicos.

1) **Autoconciencia** – Para decirlo simplemente, esta es la habilidad de entender tu propio humor, emoción e impulso. Y para agregar, cómo esto impacta a otros.

Esto refleja la seguridad de un líder. A menos que seamos plenamente conscientes de estos motores de impulso, es difícil construir una base que te ayude a crear impacto en otros. Esta es una de las áreas en las que la mayoría de la gente no está consciente y se trata de nosotros mismos. Una vez te encuentras más consciente de ti mismo, la siguienteclave será la auto regulación.

2) **Autorregulación** – Es la habilidad de redirigir impulsos y estados de ánimo perturbadores. Cuando las personas se encuentran en un estado emocional negativo usualmente se suspende la capacidad de pensar antes de actuar. Sin embargo, si la autorregulación está

presente en el líder, esto creará confianza e integridad. Un sentimiento de comodidad entre los miembros del equipo y de apertura hacia el cambio.

3) **Motivación**– Una de las características más importantes de los líderes, es la capacidad de motivar a otros. Esto requiere la capacidad de demostrar pasión que va más allá del dinero o beneficios. El impulso hacia el logro, optimismo y compromiso son raíces auto desarrolladas que, instantáneamente, producen motivación en otros miembros del equipo.

4) **Empatía** – Ser capaces de comprender las emociones de otras personas y tener las destrezas para tratar a otros de acuerdo a sus emociones. De esto se trata realmente la empatía cuando hablamos de liderazgo. Incorpora una sensibilidad cultural que abarca no solo a los miembros del equipo sino también a personas externas como clientes y usuarios. La empatía se conecta también con el último punto: las habilidades sociales.

5) **Habilidades sociales** – Demostrar la habilidad de manejar y desarrollar redes de relaciones. Las habilidades sociales influyen en la efectividad de liderar el cambio, persuadir a otros y el dominio en formar equipos.

Algunas o todas estas características son visibles en otros líderes. Sin embargo, para convertirte en un líder eficiente y exitoso se requiere que domines todas estas características. Quizás suenen muy simples, pero requieren de práctica y esfuerzo consciente desarrollarlas correctamente. Podemos encontrar algunas de ellas dentro de nosotros, pero vale la pena evaluar cuánto podemos desarrollarlas por nosotros mismos.

Capítulo 3

¿Qué tipo de actitudes de liderazgo debo adoptar?

El liderazgo también se lleva en la actitud del individuo. Muchas áreas pueden ser discutidas y mucho se puede escribir acerca de cómo deberían ser las actitudes de un líder. Sin embargo, en esta sección me gustaría hacer énfasis en tres tipos de actitudes que líderes efectivos deberían cambiar y desarrollar un nuevo enfoque.

Muchos de nosotros tenemos tendencia a creer que la mayoría de los líderes necesitan examinar a fondo hasta lo más específico de lo que se necesita que suceda, hacer planes, organizar a las personas para llevar a cabo esos planes y monitorear el logro de cada uno de esos planes. Ciertamente estas actividades son importantes, pero son más apropiadas para ser ejecutadas por un gerente.

Existe un cambio en la actitud que se requiere para un liderazgo efectivo. Este cambio se necesita en la forma de pensar y el comportamiento. Es un error común que a veces los líderes solo gestionan a sus seguidores en vez de realmente guiarlos. El resultado es terminar sumergidos en detalles en vez de dar una dirección solida y alcanzar resultados.

Por lo tanto, para poder avanzar hacia convertirte en un líder efectivo debes moverte hacia estos patrones de pensamiento. Permíteme explicar un poco más:

Planiflcación de proyectos vs. Establecimiento de directrices – Planificar es, esencialmente, separar actividades en pequeñas piezas para que otros puedan ejecutarlas dentro de un período de tiempo. Un líder debe excluirse de esto y centrar su foco en establecer una dirección para que los otros puedan seguir. Te sorprenderá cuánto tiempo puede utilizarse en establecer una directriz. Esto incluye conversar con el personal y centrarse en qué necesitamos conseguir en vez de planificar todo lo específico en cuanto a cómo va a ser alcanzada la visión que tenemos.

Organizar el equipo vs. Alinear el equipo – Organizar el equipo se trata de conseguir a las personas indicadas para un proyecto o trabajo específico. Esto incluye entrevistar candidatos acerca de su experiencia, habilidades, calificaciones, etc. Un líder preferirá alinear a las personas con una visión estratégica en vez de tratar de conseguir el equipo correcto. Ten en mente que el liderazgo se trata de traer cambio en miras hacia el futuro. Las personas que son atraídas hacia un grupo o una organización deberían estar alineadas con la visión de cambio que se les muestra. Los valores, creencias y motivaciones de estas personas deben apoyar la idea que necesita ser lograda.

Supervisión vs. Inspiración – Aunque la supervisión tiende a convertirse en el foco primario de muchos individuos en posiciones de liderazgo, es importante darse cuenta de que el liderazgo involucra tratar con personas y no con robots. Es muy extenuante y difícil monitorear y constantemente hacer que las personas sean responsables por lo que están haciendo. Sin mencionar que este enfoque crea un ambiente nocivo del cual las personas quieren salir. Inspirar a las personas, por otro lado, es lo que líderes experimentados hacen. Es algo que viene de adentro, haciendo que las personas se muevan sin necesidad de perseguirlas para que hagan algo en particular. Finalmente, una persona que es capaz de inspirar a otra podrá impactar a más gente y movilizarlas más que alguien que cree que supervisar o controlar a las personas traerá el resultado deseado. Muchas veces he visto a personas en posiciones altas de liderazgo quienes, en un fuerte afán de traer resultados, terminan supervisando mucho más en vez de inspirar. El resultado es frustración y agotamiento solamente porque no son capaces de lograr resultados o de lograrlos lo suficientemente rápido.

Si te has dado cuenta, estas cosas vienen de la experiencia, práctica, y más importante aún, de interactuar con las personas. Mientras más alguien pueda establecer directrices, alinear a las personas e inspirarlas; el efecto será una acción masiva de parte de los subordinados quienes serán capaces de crear mayores, más rápidos y mejores cambios en el ambiente. Un gran ejemplo pertenece a la división de productos de papel de Procter & Gamble cuando Richard Nicolosi comunicó el siguiente mensaje "Cada uno de nosotros es un líder". Esto causó una actitud de responsabilidad y emprendimiento que llegó a todos los equipos resultando en ganancias que se alcanzaron tiempo récord (más sobre esto en la siguiente sección). Imagina lo difícil que hubiese sido lograr esto tratando de planificar, organizar y supervisar a toda la gente.

Capítulo 4

Ejemplos de liderazgo y escenarios

Historias y ejemplos de éxito de líderes exitosos es, por mucho, una de las mejores formas de aprender sobre liderazgo. Es un asunto que ha sido estudiado e investigado por muchos años. Aunque se ha hablado de liderazgo desde los tiempos de Platón, el primer estudio serio se remonta a 1920. Aquí se incluye la primera teoría sobre liderazgo también conocida como Teoría de los Rasgos. Este estudio apunta a identificar las características comunes de los líderes.

Sin entrar en muchos detalles acerca de la historia del liderazgo, me gustaría mostrar algunos ejemplos de líderes que han sabido dar un giro a las situaciones de organizaciones utilizando las actitudes positivas descritas a continuación.

En los años 70 la compañía Eastman Kodak, normalmente conocida como Kodak, enfrentó una situación donde, aunque sus ganancias estaban creciendo, el costo de las máquinas aumentaba casi al mismo nivel. Se hacía muy difícil para la empresa mantener niveles de ganancia saludables. La compañía tenía alrededor de 1 billón de dólares en ganancias, pero en 1984 Kodak tuvo que amortizar de su inventario cerca de 40 millones. Esto levantó preocupaciones cada vez más serias para la compañía. El nuevo gerente designado, ChuckTrowbridge sabía que debía producir un cambio rápidamente para poder mejorar esta situación.

Para hacerlo, estaba comprometiéndose con el personal de la compañía, especialmente con el gerente de mantenimiento e ingeniería Bob Crandall.

La meta que trazaron ChuckTrowbrigde y Bob Crandall era que la organización cambiara a una forma menos burocrática y más descentralizada. Al hacer esto, querían que Kodak se convirtiera en un fabricante con operaciones a nivel mundial. El mayor reto que encontraron fue que la cultura y normas de la organización era completamente lo opuesto. Lograr un cambio como este no fue nada fácil.

Para comenzar, Chuck coordinó reuniones semanales con quienes le reportaban directamente para conversar sobre los asuntos clave y retos encontrados día a día. Así mismo, una vez al mes Bob sostenía reuniones con 80 a 100 miembros de su equipo para discutir cualquier cosa que ellos sintieran que pudiera mejorar el desempeño operacional del departamento.

El punto clave que quiero enfatizar es que Chuck y Bob estaban tratando de alinear a todos internamente con la visión que habían desarrollado para salvar a la compañía de caer en el pozo. Para comprometer y alinear a las personas externas a la empresa, sostuvieron también reuniones semanales con su mayor proveedor.

Las comunicaciones escritas fueron optimizados para que los empleados tuvieran oportunidad de hacer preguntas anónimas a Bob Crandall y sus altos gerentes. Este programa fue llamado "Cartas de diálogo" donde a los empleados les fue garantizada una respuesta. Otro enfoque visible y efectivo fue el uso de gráficos en los pasillos del edificio, estos reportaban la calidad, costo y rendimiento de los resultados de cada producto.

Todo esto llevó al mejoramiento significativo en un período de seis meses. Los defectos por unidas bajaron de 30 a 0.3. En un período de tres años, los costos de línea de producto bajó cerca de un 24%. Entregas a tiempo aumentaron de 82% a 95%. Los niveles de inventario bajaron en un 50%, pero el volumen de productos siguió en aumento. En 1988, cuando fue evaluada la productividad medida en "unidades por empleado fabricador" había casi duplicado.

Alinear a las personas con la visión es una herramienta poderosa utilizada por un líder efectivo para traer cambios masivos. Si se hubieran invertido todos los esfuerzos en contratar a la gente correcta para los puestos claves, los resultados solo hubieran continuado mostrando una tendencia decreciente para Eastman Kodak.

American Express

Otro gran ejemplo es American Express. Aquí se demuestra como el liderazgo puede establecer una dirección para traer el cambio que se imaginan. Cuando Lou Gerstner se convirtió en Presidente de Servicios Relacionados a Viajes (TravelRelatedServices – TRM) para American Express, la compañía se enfrentaba a una dura competencia por parte de MasterCard y Visa. La naturaleza altamente competitiva de la industria estaba cobrando peaje ya que los bancos estaban listos para emitir tarjetas de crédito a través de los competidores.

American Express se enfrentaba con una de las situaciones más complicadas en sus 130 años de historia ya que los márgenes de ganancia cayeron y el crecimiento se hizo difícil.

Lou Gerstner visualizó la compañía como una empresa dinámica y creciente, con una amplia gama de productos y servicios. La creencia tradicional que comúnmente se tenían en American Express estaba muy fuertemente ligada a un producto, por ejemplo: la tarjeta verde. Además, la gente creía que este producto tenía un potencial limitado de crecimiento e innovación.

Después de unas semanas, Gerstner juntó a miembros clave de la organización y empezó a preguntarle acerca de sus principios bajo los cuales el negocio era manejado. También, para moverse rápidamente hacia una cultura de mayor emprendimiento, el riesgo inteligente fue premiado y la burocracia dentro del negocio fue disuadida. Para promover aún más las capacidades de emprendimiento de los equipos, las personas fueron promovidas de cargo a las altas gerencias, se introdujeron nuevos programas de gerencia y los reconocimientos e incentivos fueron mejorados (especialmente en las áreas de servicio al cliente).

Estas acciones pueden sonar muy simples, pero fueron adaptadas para alinear a las personas con la visión de tener una empresa dinámica y en crecimiento, con un amplio rango de productos y servicios. Las iniciativas dieron como resultado que Amex emitió tarjetas en 29 monedas diferentes (contra solo 11 una década antes). La compañía expandió sus productos y servicios hacia nuevos mercados. En 1981, TRM (Servicios Relacionados a Viajes) combinó las tarjetas con las cualidades de servicios de viajes para ofrecer a clientes corporativos un sistema unificado para monitorear y controlar gastos de viaje. Para 1988, la compañía se había convertido en la quinta empresa con el mayor mercadeo a través de correo directo en los Estados Unidos. Otros nuevos productos incluyeron el seguro de 90 días para todas las compras hechas con tarjetas Amex. La empresa también renovó la tecnología de procesamiento la facturación y brindar estados de cuenta mensuales para los clientes, lo que redujo los costos de facturación en un 25%.

El resultado fue fenomenal; American Express incrementó su ingreso neto en un 500% en un período de diez años. El negocio sobrepasó a muchas compañías de alta tecnología, con un rendimiento de capital de 28% en 1988.

Procter and Gamble

Otro gran ejemplo es el del gerente general asociado de Procter and Gamble, Richard Nicolosi, quien utilizó la motivación para darle un giro a la compañía. Al enfrentar una feroz competencia la empresa estaba perdiendo rápidamente cuota del mercado en los años 70.

Internamente, P&G se enfrentaba a burocracia y guerras internas. Las personas dentro de la organización habían formado dos grandes grupos de individuos, técnicos ycomerciales, respectivamente. Compitiendo entre ellos en ahorro de costos y metas funcionales. P&G encontró difícil crecer y mantener su cuota de mercado.

Tan pronto como Richard Nicolosi entró en su nueva posición, empezó a hacer énfasis en la necesidad de un mayor foco en el mercado en vez de ahorro de costos y metas funcionales. Empezó a realizar reuniones semanales y mensuales con sus equipos principales y comenzó a categorizarlos en grupos de grandes marcas. Las responsabilidades se movieron hacia estos grupos alentándolos a ser innovadores y crear nuevas ideas para el desarrollo de productos. Esto comprometió a la gente y cambió el foco hacia del desarrollo en vez de la competencia interna. La moral del personal se elevó de este modo, en la medida en que había algo nuevo en qué enfocarse.

Adicionalmente, nuevos equipos motivacionales fueron formulados para comunicar la nueva visión acerca de los productos y las sugerencias de los miembros del equipo fueron bienvenidas. Nicolosi, junto con los miembros de la junta, resaltaron la idea de "cada uno de nosotros es un líder" durante las reuniones y eventos de la compañía. Esto ayudó a crear un ambiente de identidad y comprometió a todos hacia un futuro más excitante para la compañía.

Uno de los productos de P&G, Ultra Pampers, en 1985 incrementó su cuota de mercado de 40% a 58% y su rentabilidad pasó de un punto de equilibrio a positivo. En pocos meses toda la marca en general había subido en 150% en el mercado. P&G fue más allá estableciendo nuevos reconocimientos y programas de recompensa. En 1988 los ingresos habían subido 40% dentro de un período de cuatro años y las ganancias aumentaron en un 68%, esto ocurrió a pesar del incremento en la competencia del mercado.

Llevar el cambio a su máximo nivel

El liderazgo superior puede cambiar las cosas, si se utilizan herramientas tales como motivación, alinear a las personas con la visión de la compañía y dar dirección. Un tema común que podemos notar en todos estos ejemplos es el incremento en la comunicación con los miembros principales o equipos y la descentralización de las estructuras de negocio. El resultado de este simple esfuerzo trajo consigo un cambio masivo y dando un giro de 180 grados al desempeño de la compañía.

Capítulo 5

Evalúate como líder

Con este mundo acelerado de hoy en día y los cambios constantes en el entorno, no es fácil tener un líder perfecto. Cuando hablamos de liderazgo una imagen mental es proyectada, de este ser humano perfecto que está en la cima del mundo porque él o ella lo sabe todo acerca de todo y puede siempre tomar las elecciones y decisiones correctas.

La realidad está muy alejada de esto. Como cualquier otro ser humano, un líder tiene fallas y defectos. Lo que es útil es entender que tener claras estas fallas o debilidades ayuda a la persona a identificar dónde él o ella necesita la ayuda de otros.

Pretender ser perfecto en todas las áreas puede ser extenuante. Y lo que es peor, después de empujarte a ser un espécimen perfecto del liderazgo, los resultados pueden estar muy alejados de lo que se desea alcanzar.

Por lo tanto, en esta sección, hay cuatro grandes áreas de las que me gustaría hablarte que te ayudarán a identificar qué tan efectivas pueden ser tus habilidades de liderazgo. Más aún, existen algunos consejos alentadores de cómo puedes mejorar en algunas de esas áreas.

Después de trabajar con cientos de líderes y de hacer muchos años de investigación, el MIT Learning Center desarrolló una estructura de cuatro grandes áreas para evaluar líderes. He utilizado éstas categorías para ayudarte a hacer runa evaluación de ti mismo como líder. Las cuatro áreas pueden ser utilizadas por cualquiera si eres padre, estudiante, profesor, gerente, dueño de negocio, etc. Consciente o inconscientemente todos jugamos roles de liderazgo en algún punto de nuestra vida. No necesitas ser un alto ejecutivo (CEO) de una gran corporación para evaluar tus habilidades de liderazgo. Es necesario para todos pulir sus habilidades en liderazgo simplemente para convertirse en una mejor persona en la vida.

Dicho esto, las cuatro grandes áreas son:

Dar sentido – interpretación de los cambios del entorno
Relacionarse – construir redes útiles y de confianza
Visualización – ver las posibilidades o un futuro mejor y más atractivo
Innovar – Encontrar formas creativas e innovadoras para hacer la visión una realidad

Después de esta breve descripción de las áreas, vamos a profundizar para mostrarte como puedes evaluarte a ti mismo.

Dar sentido:

Dar sentido o Sensemaking es un término que fue desarrollado por el psicólogo organizacional Karl Weick. Como implica la palabra, es un proceso constante de tratar de tener una mejor comprensión del entorno. El reto con el dar sentido se da cuando un entorno es dinámico; continuamente va cambiando mientras se va utilizando. La clave para dar sentido o "sensemaking" está en definir un mapa útil con todas las metas particulares y clarificarlas a la luz de las situaciones que va enfrentando una organización.

Los líderes efectivos tienen la habilidad de saber cuál entorno es complejo y es capaz de simplificarlos de acuerdo a la dirección que se desea tomar. Haciendo esto, pueden beneficiarse de las oportunidades y proteger a la organización, grupos o personas, de las amenazas presentadas por el entorno.

Signos de debilidad:

Observa estas características y si te sientes identificado con ellas entonces existe la posibilidad de que necesites ayuda como líder en el área de dar sentido:

1) Fuerte sentimiento de que siempre tienes la razón
2) Sentirse frecuentemente cegado por los cambios en tu entorno, negocio u organización
3) Resentirse cuando las cosas cambian

Qué hacer para fortalecer el "dar sentido":

Algunas cosas útiles y fáciles que puedes hacer para mejorar en dar sentido son:

1) Junta información de múltiples fuentes como por ejemplo: miembros del equipo, proveedores, competidores, inversionistas, etc.

2) Involucra a otros en el proceso al preguntarles cuáles son sus puntos de vista o perspectivas.

3) Busca maneras alternativas de

expresar y entender las opciones. Trata de ver algo desde distintos ángulos. No necesitas empantanarte con parálisis del análisis, solamente debes estar alerta y saber cuáles pueden ser las diferentes posturas. Siéntete libre de desarrollar pequeños experimentos para probar tus conclusiones. Prueba el agua antes de sumergirte en lo profundo.

4) Prueba nuevos enfoques en vez de aplicar los marcos existentes para hacer las cosas. Evita describir las cosas en formas estereotipadas como chicos buenos y chicos malos o personal de marketing y personal técnico, etc.

Relacionarse:

Dar sentido está en sincronía con relacionarse también. Una vez que un líder es capaz de dar sentido al entorno, él o ella necesita ser capaz de comunicarlo a los miembros de su equipo/compañeros (externos o internos).

Aquí es cuando relacionarse entra en juego. Es la habilidad de promover la confianza, optimismo y consenso con otros. La manera como concluimos algo quizás no sea percibida igual por otros a pesar de lo que sea correcto o incorrecto. Aquí es donde los principios de preguntar, abogar y conectar. Lo que esto significa es que primero debes preguntar y escuchar al otro genuinamente con la intención de entender sus pensamientos y sentimientos.

El siguiente paso es abogar que se traduce en explicar tu propio punto de vista y es lo opuesto de preguntar. Sin embargo, si has escuchado a la otra persona primero, has abierto la posibilidad de que te escuchen. Cuando abogas, también puedes "conectar" con la otra persona en ciertos puntos dado que en un principio escuchaste cuidadosamente sus pensamientos y emociones.

Esta es la base de relacionarse con otros y construir redes útiles. Muchas veces vemos como las personas expresan su opinión y pensamientos sin conectarse o relacionarse verdaderamente con su audiencia o miembros de equipo.

Los siguientes síntomas son indicadores de que establecer relaciones puede que no sea tu mejor cualidad:
1) Culpar a otros por los fracasos
2) Sentir que las personas te decepcionan o que no se puede confiar en ellas
3) Este es un claro indicador, por ejemplo: experimentar frecuentemente interacciones con otros que son desagradables, frustrantes o argumentativas

Si relacionarte con otros no es tu mejor cualidad, aquí te doy algunos consejos útiles que puedes implementar hoy mismo:

1) Escucha abiertamente a otros sin emitir juicios de valor. Hazlo en un intento de entender la perspectiva de la otra persona.

2) Anima a otros a emitir su opinión. ¿Qué es importante para ellos? ¿Cómo interpretan lo que ocurre? ¿Por qué?

3) Cuando expreses tus ideas, trata de explicar la razón detrás de ella, en vez de solo exponer la conclusión de la idea.

4) Evalúa las fortalezas de tus conexiones actuales: qué tan bien te relacionas con otros cuando recibes o das consejos, o cuando intentas resolver problemas difíciles, o cuando pides ayuda.

5) Antes de expresar tus ideas, anticipa cómo otros reaccionaran a ellas y cuál sería una mejor forma de explicarlas.

Visualización:

Bien, ahora que ya hemos hablado acerca

de hacer que las cosas tengan sentido y relacionarse con otras personas, los siguientes dos elementos son "visualización" e "innovación". Estas también van de la mano.

En Sudáfrica a principios de los años 90, una broma se escuchaba por todas partes. Dados los retos que enfrentaba el país, las personas tenían dos opciones, una práctica y otra milagrosa. La opción práctica era que todo el mundo rezara para que una banda de ángeles bajara del cielo y arreglara las cosas. La opción milagrosa era que las personas hablaran entre ellas hasta que dieran con una forma de salir adelante.

La visualización es realmente acerca de ver venir el futuro o una solución a un problema que resulta apremiante para ti y ser capaz de jalar a la gente en una dirección común.

Las siguientes características resaltan una capacidad limitada de visualización:

1)   A menudo preguntarse: ¿Por qué hacemos esto? O ¿Realmente vale la pena?

2)   No puedes recordar la última vez que sentiste emoción por tu trabajo

3)   Experimentar que falta el sentido de un propósito

1) Practica creando una visión en muchas áreas, incluyendo tu vida laboral, en el hogar y en grupos comunitarios. Pregúntate ¿Qué quiero crear? Una de las grandes cualidades que poseen todos los seres humanos es la habilidad de crear cosas.

2) Encuentra en el fondo de ti mismo qué te inspira. Mira ejemplos de otras personas y observa qué es lo que

encuentras en ellos que sea inspirador. Construye una visión alrededor de eso. Lo que te motiva se traspasará a otros también. Escucha también lo que otros encuentran emocionante y relevante.

3) Usa imágenes, metáforas e historias para expresar situaciones complejas que les permita a otros actuar. Esto es más sencillo decirlo que hacerlo. Sin embargo, practica esto y en poco tiempo te irás haciendo mejor en contar historias.

4) No te pongas nervioso si no sabes como lograr tu visión. Si es convincente y creíble, otras personas descubrirán muchas formas de hacerlo realidad – formas que ni siquiera tú pensaste posibles jamás.

Espera que no todas las personas compartan tu pasión por lo que visualizas. Debes estar dispuesto a innovar y modificar para construir una visión compartida.

Innovación:

Cualquier visión perderá su poder si no hay un vehículo para traerlo a la realidad. La innovación consiste en diseñar pasos prácticos, planes y procesos para traer esa visión a la vida. Lo que es importante entender es que para lograr esto necesitas la ayuda y el aporte de otros. La razón porque es llamado "innovación" es porque convertir tu visión en realidad no viene con un manual de instrucciones, así que los líderes necesitan encontrar maneras creativas de transformar las ideas en una realidad.

Para crear una nueva visión, las personas usualmente no pueden seguir haciendo las mismas cosas que venían haciendo. Necesitan concebir, diseñar y poner en práctica nuevas formas de interacción y organización. Facebook, eBay, Twitter son buenos ejemplos del mundo del internet que demuestran innovación a lo grande.

Busca ayuda en esta capacidad si:
1)   Tienes dificultad identificando la visión de la compañía con lo que estás haciendo hoy en día
2) Las   personas   tienen   problemas identificándose con tu visión comparado con lo que ellos están haciendo hoy en día
3) Notas brechas entre las aspiraciones de tu empresa y la forma en que el trabajo es organizado
4)   Encuentras que no hay cambios en las cosas sino que suelen volver a su cauce original

Qué hacer para fortalecer la innovación:

Para cultivar la innovación prueba las siguientes técnicas:
1)   Cambia   e   innova   las   formas tradicionales de hacer las cosas o de implementar procesos.

2)   Motiva a otros también a encontrar

formas creativas de hacer las cosas.

3) Experimenta con diferentes formas de organizar el trabajo. Encuentra métodos alternativos para agrupar y unir a la gente.

4) Cuando estés trabajando en entender tu entorno actual, pregúntate: ¿Qué otras opciones son posibles?

El liderazgo no se trata de ser perfecto sino de encontrar el balance correcto entre dar sentido, relacionarse con otros, visualizar, e innovar los procesos. Muchas veces, para alcanzar la perfección, nos agotamos y olvidamos que todos somos seres humanos. Así que busca ayuda en las áreas que necesitas y trata de rodearte de las personas correctas. Por "personas correctas" no necesariamente significa personas que te caigan bien sino personas que sepan lo que tú no sabes.

Espero que esta sección te haya dado un

mejor entendimiento de cómo mejorar y evaluarte a ti mismo como líder. Extenderemos la discusión para mirar algunos conceptos erróneos que comúnmente tenemos sobre el liderazgo en la siguiente sección.

Capítulo 6

Conceptos erróneos comunes acerca del liderazgo

Muchas veces pensamos y hablamos de liderazgos basados en creencias y percepciones de perfección. Sin embargo, basado en la experiencia y la investigación, nos damos cuenta de que el liderazgo puede ser muy distinto en la realidad. Algunas ideas falsas comunes acerca del liderazgo que existen hoy en día causan confusión entre la gente y los líderes. El comportamiento humanos tiene incontables variables desde la experiencia y el conocimiento técnico, hasta nuestras visiones. No es fácil resumir el liderazgo en un montón de atributos. No obstante, en este libro, he intentado dibujar los principios fundamentales y características que hacen a unos líderes más efectivos que otros. Dicho esto, hablemos acerca de las ideas falsas y mitos que se han creado acerca de los líderes.

Todo el mundo puede ser un líder

Escuchamos esto todo el tiempo. De altos gerentes especialmente, donde han dicho "cada uno de nosotros es un líder. La verdad, sin embargo, es que en varios aspectos de la vida se requiere que tengamos cualidades de liderazgo, pero no todos somos líderes efectivos.

La razón es que no todos poseen la autoconciencia, autenticidad y características de un líder. Muchas veces dentro de las organizaciones vemos personas en posiciones de liderazgo luchando por conseguir lo que quieren. Si el liderazgo fuera algo fácil y natural para todo el mundo, probablemente no sería un tópico tan estudiado. El hecho es que no todos pueden ser líderes; requiere de práctica, habilidades y auto desarrollo para poder convertirse en uno. También encontrarás a muchas personas que no tienen el interés por desarrollar esas habilidades. Algunos prefieren vivir una vida más privada o estar más preocupados con sus vidas. Eso también es normal, solo se trata de preferencias. Sin embargo, es ciertamente acertado aprender y acumular habilidades en liderazgo para que, cuando sean necesarias en algún punto de la vida, no tengamos que luchar contra la falta de conocimiento de estas habilidades.

Los líderes garantizan resultados de negocio

Esto no siempre resulta verdad. Aunque las organizaciones contratan personas para posiciones de liderazgo, personas que son capaces de entregar resultados pero, la realidad es que muchas veces esos resultados no se alcanzan fácilmente. Toma tiempo, ensayo y error, sin importar el nivel de habilidades que esa persona tenga. Si alcanzar resultados fuera tan fácil como encontrar buenos líderes que hagan que el negocio de un giro, las empresas no enfrentarían tantos desafíos. Por lo tanto, esperar resultados garantizados de todos los líderes es realmente una fantasía. La historia y la experiencia han demostrado repetidas veces ejemplos de empresas bien lideradas que enfrentan retos cuando se trata de producir resultados.

Los líderes son personas que llegan a posiciones altas en una organización

De nuevo, no necesariamente cierto. Un individuo puede escalar posiciones gracias a otras habilidades como: perspicacia política, contactos, habilidades de comunicación, etc. Hay innumerables ejemplos de personas que están en posiciones muy altas en una organización y que no poseen grandes habilidades de liderazgo. Esto desalienta a las personas y hace que se cuestionen las habilidades personales para poder llegar a la cima. Los líderes son personas que tienen seguidores y pueden encontrarse en cualquier nivel de una organización. No solamente en la cima. Es verdad que estar arriba significa que la gente bajo su jerarquía "debería" seguirlo. Sin embargo, un verdadero líder enciende el deseo de ser apoyado. Esto puede ocurrir tanto en un grupo pequeño de personas como en uno grande.

Los líderes son grandes entrenadores

¡Rara vez! Muchas personas esperan que sus líderes tengan la habilidad de entrenarlos efectivamente. Pero un líder debería tener la habilidad de inspirar, visualizar y mover a la gente hacia un objetivo común. Entrenar a otros es un juego totalmente diferente que puede requerir muchas veces ser específico y brindar atención uno a uno. Entrenar y enseñar a otros es definitivamente una habilidad invaluable, pero está separada del liderazgo. Dicho esto, un líder que también es capaz de entrenar y guiar a otros es un bono extra y es una cualidad muy rara.

Ahora que tienes mayor claridad acerca del liderazgo, cómo funciona y qué cualidades requiere, vamos a avanzar hacia otro asunto importante. Y es cómo sacar lomejor de la gente que lideras. Este es probablemente el mayor desafío del liderazgo y requiere mucha paciencia, buenas relaciones y comprensión.

Capítulo 7

¿Cómo sacar lo mejor de la gente que lideras?

El verdadero secreto es tener la respuesta de por qué la gente debería seguirte. Si hubiese una fórmula mágica que lograra que la gente hiciera lo que tú quisieras, entonces el liderazgo sería pan comido. No obstante, los seres humanos necesitan una razón y un propósito para seguir a cierto individuo. Esto también está ligado a valores y creencias de la gente. Sin hablar de los valores que tú puedes aportar a otros.

La mejor forma de responder a esto es determinando qué tienes para ofrecer a los demás. Esto es solo la mitad de la ecuación. Combina el valor que darás a otros junto con algunas de las acciones que enunciaremos en este capítulo y las personas que te quieran seguir tendrán una razón fuerte para hacerlo y serás capaz de dar lo mejor a las personas.

El actor JimCarreyes conocido por sus habilidades como comediante. Adicionalmente, con el trabajo de años, fue capaz de llegar a la conclusión de que al lugar que vaya, él puede sacar lo mejor de las personas y puede hacer que los individuos entreguen sus mejores cualidades.

Esta es una maravillosa cualidad. Evitamos personas todo el tiempo porque simplemente no sacan lo mejor de nosotros. O quizás hasta puedan molestarnos o provocarnos. Este es exactamente el tipo de comportamiento que un líder debe evitar.

Sacar lo mejor de otros, especialmente como líderes, requiere que la persona sea auto consciente y utilice eso para revelar su debilidad ante otros. También abordaremos otras características como la habilidad de recopilar e interpretar señales interpersonales y ser diferentes.

Comienza por mostrar tus debilidades. No solo se trata de poner un frente robusto para demostrar a otros que puedes manejar absolutamente todo. Como líder, una persona debe estar en contacto con sus fallas y a veces debe ser capaz de revelarlas ante los demás. Sin embargo, la clave es no revelar una debilidad que pueda ser percibida por otros como fatal. Nadie quiere trabajar con un líder perfecto, si eres capaz de demostrarle a los demás que solo eres humano con fortalezas y debilidades, las personas se abrirán contigo también. Al mismo tiempo, esto abre las puertas de la empatía con otros. Lo que esto hace es que la gente mantenga una mentalidad más abierta hacia ti. Revelar debilidades ayuda a desarrollar colaboración y solidaridad entre tu persona y tus seguidores.

Tener en cuenta las emociones y pensamientos de otros

Lo siguiente es tener en cuenta las emociones y pensamientos de los demás. Convertirse en un sensor de los mensajes que no se dicen de los miembros del equipo y subordinados. Las personas no verbalizan todo, pero se pueden comunicar con su expresión facial, lenguaje corporal y otros indicadores. Como líder, debes ser capaz de percibir sus modos de comunicación y responder acordemente. Esta es una herramienta poderosa. Inmediatamente construye una relación y le dice a otros que estás tomándolos en cuenta y en sintonía con su entorno.

Antes de que cualquier cambio sea traído o implementado debes comunicar, comprender y tener en cuenta la situación individual de los demás, eso representa ganar la mitad de la batalla. Las personas se inclinan más a apoyar líderes que representan sus puntos de vista, pensamientos y valores. Mientras más una persona esté en sintonía y tome en cuenta a sus seguidores mejor será el apoyo y las ganas de seguirlo.

Empatía

Ser consciente también está ligado a tener empatía. Ahora, comprender a otros viene con un propósito. Crear empatía con todos y sus emociones puede ser difícil. No obstante, como líder, la empatía es un mecanismo para ayudar a las personas a lograr mejores resultados con su trabajo. Así que la empatía está más relacionada al trabajo que otros realizan. Si te presentas como alguien a quien solo le importan los resultados, sin prestar atención a los retos que enfrentan las personas mientras realizan su trabajo, las probabilidades son que tengas dificultad o en lograr hacer que los demás den lo mejor de si. Cuando un líder está genuinamente preocupado por dar soluciones y hacer la vida en el trabajo mejor para otros, entonces la gente estará más motivada a actuar y traer resultados.

Sé diferente

Atrévete a ser diferente; hacer lo mismo siempre traerá los mismos resultados de los demás. Cuántas veces al equipo organizando eventos que están estructurados en la misma forma de los viejos tiempos: un almuerzo o una cena. Recuerdo estar trabajando con uno de mis gerentes quien era excelente en traer nuevas ideas y formas para construir relaciones entre el equipo. En vez de simplemente tener almuerzos de la compañía y dar los mismos discursos de la vieja escuela reconociendo a miembros del equipo específicos, él planeaba un juego de Paintball o un Safari ¡Algo emocionante y diferente para el equipo! ¿Cómo esto tuvo impacto sobre el equipo? Pues la experiencia fue más enriquecedora para todos y una vez que regresamos al trabajo, los lazos eran más fuertes, la comunicación era mejor y "queríamos" trabajar como equipo. El grupo estaba emocionado y renovado. Realizar el mismo enfoque tradicional de llevarlos a almorzar nunca hubiera sacado tanto de los miembros del equipo.

Así que piensa fuera de la caja, atrévete a probar algo diferente cuando se trate de los miembros del equipo. Esto estimulará la construcción de mejores relaciones y traerá resultados a la larga.

Implementa estas técnicas y no existirán razones para que la gente no te siga. Si eres capaz de crear emoción dentro del equipo, dar soluciones a su trabajo, ser consciente de sus emociones y ser vulnerable en algunos momentos; entonces la gente se abrirá contigo. Así, tendrán una razón para seguirte que diga "esta persona es como nosotros, nos entiende, hará la vida mejor para nosotros" Y esa es la razón de por qué la gente sigue a alguien.

Capítulo 8

Ideas para empezar a practicar hoy

Con tanta literatura disponible sobre el liderazgo y una gran cantidad de puntos mencionados en este libro, me gustaría dejarte con algunas formas para pasar a la acción de manera simple y empezar a practicar desde hoy. Esto te permitirá mejorar tus habilidades de liderazgo al instante. Si tratas de incorporar estas técnicas en tu trabajo y vida diarios, verás cambios dramáticos. Personalmente las he probado y me he sorprendido con los resultados. Dicho esto, a algunas personas les puede tomar más tiempo que a otras para demostrar resultados de cualquiera de los principios aprendidos. Sin embargo, estoy seguro de que practicando estas ideas (aunque no sea perfecto al principio) te transformarán en un mejor, más fuerte y más agradable líder para los demás.

La investigación y la experiencia demuestran que los individuos pueden aprender habilidades de liderazgo y las personas que ya las tienen pueden mejorarlas. He desarrollado los siguientes puntos:

- **Enfócate más en obtener resultados que en perfeccionar tu conocimiento** – Demasiadas veces nos involucramos más con detalles de cada instante perdiendo de vista el conjunto general de la situación. El conocimiento es una herramienta para ayudarnos a obtener los resultados que buscamos. Enfócate en obtener resultados y juntar información que sea beneficiosa para obtenerlos. La información irrelevante debe ser descartada de inmediato. Adicionalmente, no es posible saber acerca de cada detalle, sin embargo, saber lo suficiente para poder avanzar hacia una meta, es mucho más efectivo. Esta es la razón por la que los líderes efectivos entienden que los miembros del equipo contribuyen con su conocimiento y habilidades únicos. Con esta mentalidad, están mejor preparados para utilizar el conocimiento de los demás en vez de tratar de perfeccionar su propio conocimiento.

- En vez de ver las metas como algo que deba alcanzarse refleja el valor de las metas en sí mismas con el propósito de mejorar metas futuras. Todos planteamos metas para ser alcanzadas, pero da un paso atrás y observa qué tan valiosas son esas metas. Establecer mejores metas te permitirá traer mayores cambios en la vida de las personas que lideras. Al obtener más experiencia logrando metas trata de subir los niveles de estándar y busca mayores estándares al fijar las metas.

- **Involúcrate en el desarrollo entre pares.** Es difícil darle atención y tiempo a todos para que se desarrollen. Pero lo que puede ser más efectivo es tener a miembros de tu equipo ayudándose a mejorar unos a otros. Crea colaboración, unidad y confianza entre los miembros del equipo. Esta es una cualidad que no tiene precio.

- **Sé consciente de lo que está en la mente y corazones de las personas** ycómo puedes crear un impacto positivo en ellos. Muchas veces los líderes avanzan empujando su visión sobre otros. Esto resulta en frustración y agotamiento. Si eres capaz de conectar con los valores y creencias de otros, con la intención de conseguir un resultado positivo, tendrás mucho éxito en conseguir y traer el cambio. Además es más fácil y más eficiente. Es crucial para los líderes conocer los valores de los miembros de su equipo y encaminarlos en una dirección positiva. Sin embargo, se cauteloso en no utilizar los valores de los demás como una táctica de manipulación para avanzar con tu propia agenda. Suena como algo terrible, pero a menudo la gente lo hace, y no toma mucho tiempo para que los otros se den cuenta. Cuando esto ocurre, los resultados más comunes son la rebelión y conflictos con los miembros del equipo.

Espero que encuentres estos breves y directos puntos, fáciles y dignos de implementar en tu vida diaria. Sin entrar en muy detalladas investigaciones ni hallazgos, estos puntos básicos han ayudado a transformar a muchos individuos en líderes efectivos y les ha ayudado a traer cambios y resultados más allá de su comprensión. Por lo tanto recomiendo ampliamente que comiences a practicar estos hábitos desde hoy.

Conclusión

Te doy las gracias sinceramente por haber descargado este libro y espero que ahora tengas un nueva comprensión del liderazgo, y que seas capaz de implementar las técnicas presentadas en este libro para proporcionar un mayor y más positivo cambio en tu vida y en la vida de otros.

Las cualidades de liderazgo son necesarias para la vida y no solo deben estar reservadas para altos ejecutivos. Sobre todo, se trata de convertirse en una mejor persona y en tener una influencia positiva. Practicando estas habilidades, definitivamente serás capaz de sobresalir por encima del resto, quienes pueden conformarse con un enfoque más pasivo. Serás capaz de crear un mejor futuro y atraer oportunidades a tu vida.

Siéntete libre de revisar este libro para recordar los principios mencionados o simplemente utilizarlo como una guía de referencia. Gracias y sinceramente te deseo la mejor de las suertes.

www.ingramcontent.com/pod-product-compliance
Lightning Source LLC
Chambersburg PA
CBHW071213020426
42333CB00015B/1390